생각의 높이를 키우는 초등 철학 교과서
행동과 윤리 편
ⓒ좌경옥, 2010

초판 1쇄 펴낸날 2010년 10월 30일
초판 2쇄 펴낸날 2014년 6월 5일

지은이 좌경옥
펴낸이 이건복
펴낸곳 도서출판 동녘

전무 정락윤
주간 곽종구
편집 구형민 이정신 최미혜 조유나 현의영
미술 조하늘 고영선
영업 김진규 조현수
관리 서숙희 장하나 김영옥

본문디자인 디자인 시
일러스트레이션 전미영

인쇄·제본 영신사   **라미네이팅** 북웨어   **종이** 한서지업사

등록 제311-1980-01호 1980년 3월 25일
주소 (413-120) 경기도 파주시 회동길 77-26
전화 영업 031-955-3000 편집 031-955-3005 전송 031-955-3009
블로그 www.dongnyok.com   **전자우편** editor@dongnyok.com

ISBN 978-89-7297-591-5 73100
      978-89-7297-587-8 (세트)

- 잘못 만들어진 책은 바꿔 드립니다.
- 책값은 뒤표지에 쓰여 있습니다.
- 이 도서의 국립중앙도서관 출판시도서목록(CIP)은 e-CIP홈페이지(http://www.nl.go.kr/ecip)와 국가자료공동목록시스템(http://www.nl.go.kr/kolisnet)에서 이용하실 수 있습니다. (CIP제어번호: CIP2010003769)

생각의 높이를 키우는
초등 철학 교과서
philosophy

좌경옥 지음

행동과 윤리 편

동녘주니어

 책 머 리 에

이 책을 읽는 어린이들에게

　어린이 여러분. '철학 교과서'라는 제목에서 느껴지는 이 책의 첫인상이 어땠나요?
　'으! 따분하고 재미는 하나도 없을 것 같아', '별로 필요한 이야기도 아닌 걸 어렵게 쓴 책이겠지'라고 생각하지는 않았나요?
　그렇지만 여러분이 이 철학 교과서를 읽어 본다면 그런 생각은 아마 싸악 없어질 걸요? 이 책을 쓴 저도 초등학교 선생님이기 때문에, 여러분 또래의 초등학생들과 함께 철학 토론으로 수업을 진행한 적이 있습니다. 그런 수업을 몇 번 받은 어린이들에게 철학 수업 시간은 어떤 시간이라고 생각하는지 물어보면, "하고 싶은 이야기를 맘껏 할 수 있는 시간이요", "정답을 맞히느라 스트레스 받을 일이 없는 시간이요"라고 대답합니다. 그래서 선생님은 이 책을 쓸 때도 여러분이 그렇게 생각할 수 있도록 하려고 노력했답니다.
　사실 여러분은 이미 철학을 하며 살고 있습니다. 철학은 새로 알아 두어야 할 과목이나 공부해서 기억해 두어야 할 과제가 아니라는 뜻입니다. 다만 여러분이 철학을 하고 있다는 것을 평소에 깨닫지 못하고 있을 뿐이지요. 여러분이 평소 궁금하게 생각하고 있는 것들이 매우 소중하고 가치 있는 궁금증이라는 사실을 여러분 스스로가 깨닫지 못하는 경우가 많아서, 선생님은 안타까울 때가 참 많습니다. 더구나 그러한 철학적 물음과 생각을 마음껏 살리지 못하고 넘어가는 바람에 여러분의 생활이 재미없고 지루하게 느껴지고, 의미 없이 시간을 보내는 일은 더더욱 안타깝답니다.

"학교 공부를 할 시간도 없는데 그런 쓸데없는 잡생각을 할 시간이 어디 있느냐"라고 누가 말한다면 그건 학교 공부의 참뜻을 잘 모르거나 오해하고 있는 거예요. 학교 공부 역시 그 뿌리는 철학이기 때문입니다. 우리가 학교 공부를 하는 이유는 우리보다 먼저 살았던 수많은 사람들이 알고 깨달아 온 지식과 지혜를 배우기 위해서라는 데에는 누구나 동의할 것입니다. 우리보다 먼저 살았던 사람들이 알아낸 결과로서의 지식보다는, 그들이 알아내고 깨달으면서 겪었던 그 과정이 바로 철학입니다. 즉 공부하는 활동 자체가 바로 철학이라는 말이지요.

여러분은 '공부'라는 말을 들으면 '으!' 하고 머리를 돌리며 재미없고 지겨운 것, 엄마의 잔소리, 외워야 하고 계산해야 하고 틀릴까 봐 겁이 나고 생각이 안 나서 어려운 것이라는 기분이 들 텐데요. 사실 선생님이 말한 '공부하는 과정'으로 보는 철학은 그렇지 않답니다.

여러분과 선생님은 모두 아주 어렸을 때부터 머릿속에 궁금한 것투성이였답니다. 세상에 태어나 만나는 모든 일이 온통 처음 보는 것들, 처음 경험하는 일들이니 모든 것이 궁금할 수밖에요. 이제 막 말을 배우기 시작하는 동생이나 아기들을 한번 유심히 살펴보세요. "이건 뭐야?", "왜 그런 건데?" 엄마, 아빠, 언니, 오빠 등 만나는 사람들에게 이런 질문을 아주 많이 합니다. 어린 동생이나 아기가 질문을 너무 많이 해서 어떤 엄마, 아빠들은 아기 돌보기가 정말 힘들다고 하소연을 하는 경우도 있지요.

철학은 바로 이런 아기들의 궁금증에서 시작되었습니다. 사람이니까 궁금증이 생기는 것이지요. 강아지나 병아리가 질문하는 것을 본 적 있나요? 우리는 사람이기 때문에 질문을 하고, 또 사람이기 때문에 그 질문에 답할 수 있답니다. 여러분 모두는 아주 어렸을 때부터 궁금한 것이 아주 많은 꼬마 철학자였던 것이에요.

누구나 궁금한 것이 생기면 그것의 답을 찾고 싶고, 또 문제를 풀어 보고 싶어 합니다. 아주 오래전에 살았던 옛날 사람들도 여러분과 마찬가지였어요. 이 세상에 궁금한 것들이 너무 많은데 엄마나 아빠가 모든 대답을 해 줄 수 없고, 인터넷도 없고, 책이 있는 것도 아니었으니, 그땐 어떻게 했을까요? 궁금증을 풀기 위해 이리저리 궁리를 하며 답을 찾으려 애썼을 것입니다. 그렇게 답을 찾는 과정, 답을 만들어 가는 과정이 바로 철학하는 활동입니다. 철학의 탄생은 바로 이러했습니다.

그런데 우리가 궁금해 하는 여러 문제들 중에는 우리 주변의 세상에 대한 것만 있는 게 아니라 우리 자신들에 대한 것들도 많습니다. 즉 사람과 사람이 어울려 살면서 생기는 문제들, 또 사람들 때문에 생기는 문제들을 모아 이 책에서 다루었습니다. 바꿔 말하면, 누구나 이 세상을 살아가면서 만나는 문제들이

나 겪어야 하는 어려움들이자, 또 '어떻게 살아가야 할까'와 관련된 물음들이라는 것이지요.

이런 물음은 머리가 좋은 사람이건 나쁜 사람이건, 돈이 많은 사람이건 가난한 사람이건, 나이가 많은 어른이건 여러분 같은 어린이이건 누구나 다 생각하게 되고 또 생각해야 하는, 피할 수 없는 문제이기도 합니다. '어떻게 살아가야 할까?'라고 하니 꽤 거창한 질문인 것 같아서 '나는 그런 생각을 한 적이 없는데?' 할지 모르지만, 순간순간 '이때는 어떻게 해야 할까?', '어떤 행동을 해야 좋을까?', '이렇게 행동하면 나쁜 걸까?'라는 질문을 하고 결정하는 시간들이 모두 어떻게 살아야 할지와 관련된 것들이랍니다.

이 책은 그래서, 앞서 나온 세 권의 철학 교과서보다 여러분 마음에 와 닿는 내용들이 더 많을지도 모릅니다. '어, 이건 내 얘긴데?', '맞아, 내 친구 얘기랑 똑같아', '우리 집에서도 자주 이러는데'라고 생각한 문제들을 가지고, 이제 우리 함께 맘껏 이야기 나누면서 좀 더 깊이 생각해 보도록 해요.

좌경옥 선생님이

차례

책머리에 이 책을 읽는 어린이들에게 • 4

1. 다른 사람을 도와주는 일은 누구에게 이득이 될까?
선행 왕을 뽑는 나만의 기준 • 14
들여다보기 어떤 사람이 진짜 착한 사람일까? • 19

2. 여자는 남자보다 힘이 세면 안 돼?
남녀평등 주장하면서 웬 공주병? • 28
들여다보기 능력의 차이일까, 길들여진 생각일까? • 32

3. 의리 있는 우정인가 정의로운 배신인가?
규칙을 어기는 건 무조건 잘못이야! • 42
들여다보기 냉정한 공평이냐, 따뜻한 눈감아 주기냐? • 47

4. 따돌림을 당하는 건 네 탓이지
도대체 왜 자꾸 나를 괴롭히는 거야! • 56
들여다보기 나는 좋은 친구일까? 나쁜 친구일까? • 61

5. 폼에 살고 폼에 죽고
엄마는 유행을 너무 몰라! • 72
들여다보기 멋이란 무엇일까? • 78

6. 나의 독립 만세!
내 인생에 간섭하지 마! • 88
들여다보기 진정한 자유로움이란? • 94

7. 죽음을 준비하는 삶
죽음을 체험한 후 • 102
들여다보기 내가 한 달 뒤에 죽는다면? • 108

8. 나는 왜 사는 거지?
사는 재미가 없어 • 118
들여다보기 내 삶의 가치를 찾아가는 길 • 124

9. 동물에게도 권리가 있을까?
나도 살아 있는 생명체라고! • 136
들여다보기 동물을 대하는 우리의 모습 • 142

10. 동물이 인간에게 주는 것, 인간이 동물에게 주는 것
인애의 동물 사랑 • 152
들여다보기 동물과 사람은 어떤 관계일까? • 158

11. 과학 기술의 두 얼굴
눈 속에 갇힌 하루 • 170
들여다보기 과학과 기술은 우리에게 꼭 필요할까? • 176

12. 자연을 어떻게 바라보아야 할까?
도로도 넓히고 습지도 보호할 수는 없을까? • 186
들여다보기 개발이 먼저일까? 보호가 먼저일까? • 192

부모와 교사를 위한 꼭지별 내용 설명 • 198

1. 다른 사람을 도와주는 일은 누구에게 이득이 될까?

착하다는 것은 무엇일까? 착한 행동을 하는 것은 나에게 이익일까, 손해일까?
착한 행동을 하면 왜 좋을까?

선행 왕을 뽑는 나만의 기준

학교 공부를 마치고 집으로 돌아오는 길. 정훈이는 입을 꾹 다문 채 앞만 보며 힘없이 터덜터덜 걸었다. 평소 같았으면 친구들과 동네가 떠나가라 떠들며 장난을 쳤겠지만, 오늘은 아까부터 계속 기분이 좋지 않았다. 그때였다. 뒤에서 오던 진우와 준호가 정훈이를 발견하고 쏜살같이 달려왔다.

"박정후-운!"

진우는 평소처럼 등 뒤쪽으로 와락 달려들며 정훈이의 어깨에 한 팔을 걸쳤다가, 심각한 정훈이의 표정을 보고 슬그머니 팔을 내렸다. 준호도 정훈이의 눈치를 살폈다.

"야, 너 무슨 일 있어? 표정이 왜 그래? 무슨 고민이라도 있는 거야?"

"어, 어? 응, 아니야."

"뭐 안 좋은 일 있냐고~ 이 형님한테 다 말해. 내가 시원하게 해결해 줄 테니까."

진우가 또 너스레를 떨었다.

"형님 좋아하시네."

정훈이는 빙긋이 긴장 풀린 표정을 짓더니 계속 말을 이어 나갔다.

"알았어, 얘기할게. 오늘 우리 반 선행 왕을 뽑았잖아. 너희들은 선행 왕 뽑는 거 어떻게 생각해? 솔직히 칭찬 카드 많이 받은 사람이 선행 왕이 된다는 거, 좀 그렇지 않냐?"

"그게 뭐가 어때서?"

"좀 문제가 있는 것 같아."

"무슨 문제? 너는 만날 무슨 문제가 그렇게 많아? 칭찬 카드가 많으면 선행을 많이 했다는 뜻이니까 당연히 선행 왕이 될 수도 있는 거지, 그럼 넌 칭찬 카드 적게 받은 사람이 선행 왕이 되어야 한다고 생각해?"

"크큭. 그럼 진우는 만날 선행 왕 되겠다. 정훈이 말은 그게 아니겠지. 그런데 사실 나도 오늘 기분이 좀 별로이긴 했어. 솔직히 말해서 세림이가 오늘 선행 왕으로 뽑힌 건 걔가 워낙 칭찬 카드 받는 데만 신경 썼기 때문이지, 진짜 착한 애라서 받은 건 아니잖아. 이 뜻이지, 정훈아?"

준호가 거들자 진우가 다시 끼어들었다.

"칭찬 카드가 많다는 것은 그만큼 좋은 일을 자주 한다는 거잖아. 어쩌다 한 번 착한 일을 한 사람보다는 자주 하는 사람이 더 착한 거지, 뭐."

"야, 자기가 세림이 좋아한다고 편드는 것 봐. 그래도 말은 바로 하자. 나도 정훈이 말에는 동감이야. 세림이는 자기랑 친한 친구들이 일부러 '칭찬합시다' 상자에 쪽지 많이 넣어 줘서 된 건데, 그게 착한 거야? 아까 투표할 때도 보니까 다른 애들이 세림이네 쪽 애들 눈치 보느라 일부러 뽑아 준 것 같던데."

"야~ 너는 그런 분위기까지 파악했냐? 그럼 세림이 말고 선행 왕으로 누가 뽑혀야 하는데?"

"이번에 성민이가 칭찬 카드 한 장밖에 못 받았잖아. 그런데 걔가 칭찬 카드를 왜 받았는지 기억나?"

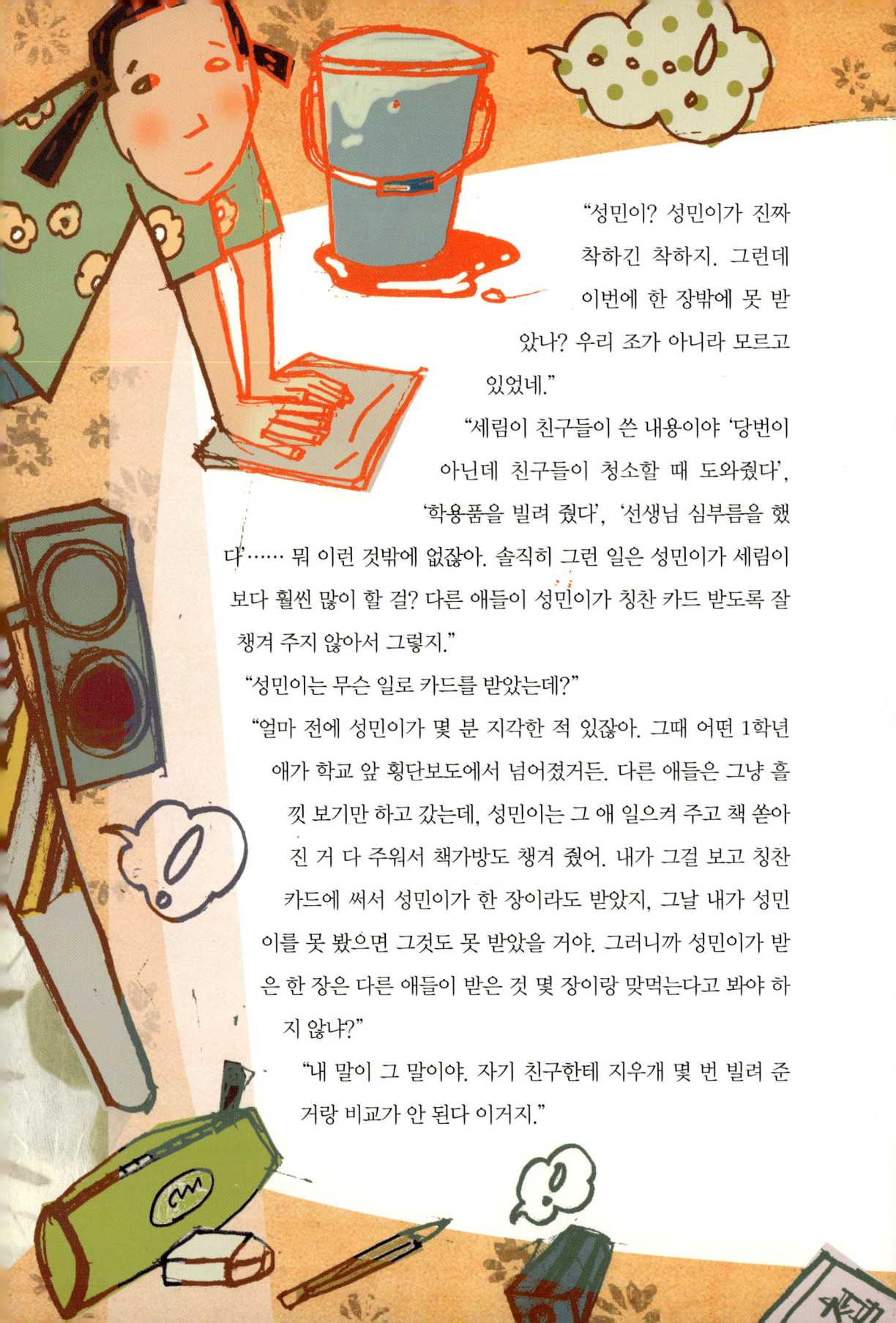

"성민이? 성민이가 진짜 착하긴 착하지. 그런데 이번에 한 장밖에 못 받았나? 우리 조가 아니라 모르고 있었네."

"세림이 친구들이 쓴 내용이야 '당번이 아닌데 친구들이 청소할 때 도와줬다', '학용품을 빌려 줬다', '선생님 심부름을 했다…… 뭐 이런 것밖에 없잖아. 솔직히 그런 일은 성민이가 세림이보다 훨씬 많이 할 걸? 다른 애들이 성민이가 칭찬 카드 받도록 잘 챙겨 주지 않아서 그렇지."

"성민이는 무슨 일로 카드를 받았는데?"

"얼마 전에 성민이가 몇 분 지각한 적 있잖아. 그때 어떤 1학년 애가 학교 앞 횡단보도에서 넘어졌거든. 다른 애들은 그냥 흘 끗 보기만 하고 갔는데, 성민이는 그 애 일으켜 주고 책 쏟아진 거 다 주워서 책가방도 챙겨 줬어. 내가 그걸 보고 칭찬 카드에 써서 성민이가 한 장이라도 받았지, 그날 내가 성민이를 못 봤으면 그것도 못 받았을 거야. 그러니까 성민이가 받은 한 장은 다른 애들이 받은 것 몇 장이랑 맞먹는다고 봐야 하지 않냐?"

"내 말이 그 말이야. 자기 친구한테 지우개 몇 번 빌려 준 거랑 비교가 안 된다 이거지."

"친한 친구한테 잘해 주는 것도 착한 거지, 뭐."
진우는 약간 풀이 죽어 작은 목소리로 중얼거렸다.
"성민이는 내가 그때 자기를 봤다는 것도 모르고 있었어. 그러니까 성민이는 그때 칭찬 카드 받으려고 1학년 애를 도와준 게 아니란 말이야."
"남한테 보이기 위해서 하는 건 선행이 아니라는 거야. 알겠어, 성진우? 말하기는 쉬워도 남이 알아주지도 않는데 그런 일 하는 사람이 사실 얼마나 있겠냐?"
언제 왔는지 수정이가 옆에서 거들었다.
"하긴 칭찬받는 것도 아닌데 착한 일 찾아서 하면 바보 같아 보이기는 하지."
"나는 솔직히 수진이가 진짜 착한 애라고 생각해. 수진이가 칭찬 카드를 못 모으는 이유는, 엄마가 안 계셔서 자기가 집안일 하느라 학교에 일찍 오기 힘들고, 동생 돌보면서 공부도 해야 하니까 칭찬 카드에 신경 쓸 여유가 없어서거든. 수진이는 빨래랑 밥도 자기가 다 한대."
"그래? 난 오늘 알았네. 너는 알고 있었어?"
"나도 몰랐어. 수진이는 말도 별로 안 하고 친구도 없잖아."
"그렇긴 한데……."
진우가 잠시 무언가를 생각하더니 천천히 말을 이었다.
"수진이도 자기 집이 그러니까 어쩔 수

없이 그렇게 하는 거지, 엄마가 계셨으면 그러지 않았을 거 아냐?"
"엄마 없다고 다 수진이처럼 사는 줄 알아? 부모님 안 계셔서 집 나가고 학교 안 나오는 애들도 많잖아. 그러니까 수진이는 진짜 착한 아이가 맞아."
"수진이가 착하지 않다는 건 아닌데, 수진이가 하기 싫어도 어쩔 수 없이 하는 거라면 원래 마음이 착한 건 아닌 거잖아. 세림이가 원래 마음이 착한 건 아니라며? 그럼 수진이나 세림이나 똑같은 거 아냐?"
"진우 너는 아직까지 세림이 편만 드냐? 난 네 말이 더 이상한데? 수진이는 집안일이 힘들고 하기 싫어도 자기보다 아빠와 동생을 위해서 꾹 참고 하니까, 그게 정말 착한 거 아냐?"

친구들과 이야기를 하다 보니 궁금증은 점점 꼬리에 꼬리를 물고 이어졌다. 선행? 착하다는 것? 누가 더 착한지 그걸 어떻게 비교할 수 있지? 착하다는 기준이 도대체 뭘까? 착한 행동을 하는 것이 중요할까, 아니면 마음이 착한 것이 더 중요할까? 어떤 사람이 착한 행동을 해도 그 사람의 마음이 나쁘다면, 그건 착한 것일까, 나쁜 것일까?

 들여다보기

어떤 사람이 진짜 착한 사람일까?

여러분에게도 "저 친구는 참 착해"라는 생각이 드는 친구가 있나요? 우리 반에서 가장 착한 친구가 누구인지, 친구들끼리 이야기한 적이 있나요? '어떤 행동이 더 착한 것일까?'라는 문제는 여러분만이 아니라 수많은 철학자들이 아주 오래전부터 심각하게 고민해 왔던 문제랍니다.

우선 여러분이 평소에 '저 사람은 참 착하다'라고 생각했던 사람들을 떠올려 보세요. 그리고 그 사람들의 공통점이 무엇인지 생각해 보세요. 주변 사람들에게 잘해 준다고요? 다른 사람의 부탁을 거절하지 않는다고요? 욕심을 부리지 않는다고요? 이런 특징을 한마디로 요약하면, 어떻게 말할 수 있을까요? 네. 자신보다 상대방을 먼저 배려하는 사람들이지요. 철학자들도 여러분처럼 생각했고, 그래서 다음과 같은 문제를 고민했답니다.

어떤 행동이 더 착한지를 어떻게 비교할 수 있을까?

우리가 하는 행동들 중에서도 '어떤 행동이 더 착한 행동일까?'라는 의문을 가지고 비교해 보았던 철학자들이 있습니다. 어떤 철학자는 보다 많은 사람들에게 이익을 주는 행동이 더 착하다고 생각했습니다. 그래서 두 가지 행동이 모두 사람들에게 이익을 준다면, 그중 사람들에게 더 많은 이익을 주는 행동이 이익을 적게 주는 행동보다 더 좋은 행동이라고 했습니다. 즉, 많은 사람들에게 도움을 줄수록 착한 행동이라고 주장했지요. 이런 이론을 '공리주의'라고 합니다. 여러분도 그렇게 생각하나요? 그렇다고요? 그렇다면 어떤 행동이 더 착하고 좋은 행동인지 이제 분명하게 이해했나요?

그런데 이 기준을 우리의 일상 생활에 적용해 보니 그리 간단하지 않군요. 예를 들어, 선생님께서 숙제 검사를 하시는데 친한 친구가 어제 몸이 아파서 숙제를 못 해왔다고 해볼까요? 그때 여러분이 친구에게 노트를 빌려 주며 빨리 베끼라고 했습니다. 그렇게 해서 친구는 무사히 숙제 검사를 마쳤어요.

여러분이 숙제를 보여 준 덕분에 친구는 선생님께 꾸중을 듣지 않게 되었다면, 이 경우 여러분이 한 행동은 친구에게 어떤 이익을 주었나요? 그렇다면 다른 사람들도 여러분과 똑같이 생각할까요? 다르게 생각한다면 그 이유는 무엇 때문일까요?

만약 숙제를 베껴서 검사를 받았다는 사실을 다른 친구들이 알게 되면 여러분과 숙제를 베낀 친구에게 불만을 가질 것입니다. 다른 친구들이 그 일을 선생님에게 알린다면, 숙제를 베꼈던 친구는 더 큰 벌을 받게 될 수도 있지요. 또 선생님에게 그 사실을 알린 친구와 싸울 수도 있고요.

다행히 숙제를 베낀 일을 아무에게도 들키지 않고 무사히 넘어갈 수도 있습니다. 하지만 이런 경우, 힘들게 공부하지 않고도 숙제를 쉽게 해결할 수 있다는 이익 때문에 친구는 앞으로도 숙제 하기를 점점 게을리하게 될 수 있습니다. 그런 일이 반복되면 친구의 성적은 점점 떨어질 수밖에 없겠지요. 따라서 친구에게 숙제를 보여 주는 일은 당장은 친구를 도와주는 행동처럼 보이지만 시간이 지날수록 친구에게 손해가 됩니다.

숙제를 베끼는 행동은 지금 이 순간에는 이익인 것처럼 보이지만, 사실은 그렇지 않습니다. 선생님을 속이는 행동이 지속적인 습관이 되면, 오랜 시간이 지나 돌아보았을 때 결국 자기 실력을 쌓는 데 방해가 되는 결과를 초래하는 셈이니까요. 뿐만 아니라 다른 사람들로부터 좋지 않은 평판을 받게 되는 불이익도 얻을 수 있습니다.

이처럼 '공리주의'에서 가장 중요하게 고려하는 '이익'과 '손해'는 그렇게 간단하게 계산할 수 있는 문제가 아님을 알 수 있습니다.

여러 사람에게 주는 이익인지, 그 이익은 얼마나 큰지도 따져야 하지만, 그 이익이 짧은 순간에만 효과적인지 아니면 오랫동안 누릴 수 있는지도 따져 봐야 정말로 좋은 행동, 착한 행위인지 비교해 볼 수 있습니다. 즉, 순간의 이익을 가져다주는 행동이 오랜 시간 동안 계속 반복되었을 때에도 여전히 만족할 만한 이익을 준다고 볼 수 있는지도 따져 봐야 한다는 것입니다.

한편, 이익의 크기와 기간만으로는 진정으로 좋은 행동을 가늠할 수 없으며, 이익의 질적인 수준도 비교해 봐야 한다는 주장도 있습니다. 숙제를 베껴서 벌과 꾸중을 피할 때 얻는 이익도 있지만, 힘든 과제를 다 했을 때 얻는 뿌듯함과 여러 친구들 앞에서 느끼는 당당함, 어려운 과제 앞에서 자신감을 가질 수 있는 이익도 계산한다면 어떤 이익이 질적으로 수준 높은 이익일까요?

우리가 어떤 행동을 선택함으로써 얻는 이익들을 비교해 보려면 그런 행동 때문에 일어날 수 있는 결과들을 이와 같이 여러모로 충분히 예상해 볼 수 있어야 합니다. 사실, 이러한 예상을 잘 해낸다는 건 그리 쉽지 않습니다. 어른들도 자신의 잘못된 선택과 행동 때문에 예상치 못한 결과를 만나게 되어 지나간 시간을 후회하는 경우가 아주 흔하니까요.

이처럼 우리는 우리 자신만의 생각과 경험만으로는 내가 하는 행동이 좋은지 나쁜지 판단하기 어려운 경우가 많으므로 다른 사람들의 경험과 충고를 귀담아들어 볼 필요가 있습니다. 또한 쉽게 생각해서 한 행동 때문에 잘못을 저지르지 않기 위해서도 다른 사람들의 경험이 담겨 있는 책을 읽으면서 내 행동과 판단을 점검해 보아야 합니다.

착한 행동은 남에게만 이익을 줄까?

우리는 왜 다른 사람들을 도와줄까요? 사람들은 누구나 자신이 더 많은 이익을 얻기를 바라는데 말이지요. 맛있는 음식을 먹으면서 즐거움을 느끼고 배고픔을 피하기 위해 밥을 먹고, 멋을 내고 추위와 더위를 피하기 위해 예쁜 옷을 사고 겨울에는 난방을, 여름에는 냉방을 하는 것처럼 말이에요.

여러분은 다른 사람이 힘들어하거나 고통받는 모습을 보면 어떤 생각이 드나요? 다른 사람의 고통에 대해 대개 사람들은 다음과 같은 세 가지 반응을 보인다고 합니다. 첫째, 나의 이익을 위해서라면 어쩔 수 없이 다른 사람에게 고통을 주거나, 다른 사람의 고통을 외면할 수도 있다고 말하는 사람들이 있습니다. 이런 사람들 중에는 심지어 다른 사람이 고통받는 것을 기뻐하거나 다행으로 여기는 사람도 있습니다. 둘째, 나의 이익을 중요하게 생각하면서도 다른 사람에게 피해를 주지 않으려고 하는 경우입니다. 이런 사람들은 다른 사람에게 고통을 주지도 않지만 도움을 주려고도 하지 않습니다. 세 번째, 나의 이익도 중요하지만 다른 사람의 이익도 중요하게 여기고 때로는 나의 이익을 포기하더라도 다른 사람의 이익을 위해 행동하는 경우입니다.

이 세 번째 경우에 대해 자세히 살펴볼까요? 앞에서도 말했듯이 우리는 누구나 이익과 즐거움을 추구하며 살아갑니다. 그런데 다른 사람을 배려하다가는 내가 손해를 보게 될 수도 있지 않을까요? 집안 형편이 어려워서 급식을 받지 못하는 친구와 밥을 나누어 먹으면 내가 먹을 수 있는 밥의 양이 줄어드니, 밥을 먹어도 배가 부르지 않을 테니까요. 몸이 불편한 친구가 그림 그리는 것을 도와주면, 내 그림을 완성할 시간이 부족해집니다. 고아원으로 봉사 활동을 하러 간다면 낮잠을 자거나 친구들과 어울려 놀 수 있는 시간이 줄어들게 되지요. 그런데 왜 사람들은 손해 보는 것을 감수하면서까지 다양한 봉사 활동을 하는 것일까요? 이 궁금증을 해결하기 위해서는 '다른 사람을 돕는 것은 상대방뿐만 아니라 나에게도 이익이다'라고 가정해 볼 필요가 있습니다. 과연 어떤 이익을 얻을 수 있을까요? 여러분이 생각하는 이익을 한번 이야기해 보세요.

결과를 보아야 할까, 마음을 보아야 할까?

'어떤 행동을 한 결과가 얼마나 많은 이익을 주는가?' 이 사실만으로는 그 행동이 착한지 여부를 따질 수 없다고 주장한 철학자가 있습니다. 대표적인 사람이 바로 칸트입니다. 칸트는 어떤 행동이 착한지 여부는 그 행동을 한 사람의 마음에 달려 있다고 주장했습니다. 어떤 행동이 아무리 큰 이익을 가져왔어도, 그 행동을 아무 생각 없이 했거나 처음부터 자신의 이익을 위해서 했다면 착한 행동이라고 볼 수 없다는 것입니다. 세림이가 칭찬 카드를 많이 받기 위해 친구들을 도와주었다면 세림이의 행동은 착한 행동이라고 볼 수 없다는 것이지요. 반면 성민이는 상 받을 것을 신경 쓰지 않고 단지 어린 동생을 도와주겠다는 마음만으로 착한 행동을 했으니 성민이의 행동이 정말 착한 행동이라는 것입니다. 하지만 칸트는 사람의 마음을 객관적으로 증명할 수는 없기 때문에 진정으로 착한 행동을 다른 사람들이 알아보기는 쉽지 않다고 주장했습니다.

자, 여러분은 착한 사람, 착한 마음을 어떤 기준으로 구분할 수 있다고 생각하나요? 결과를 보고 판단해야 할까요, 아니면 행동한 사람의 마음을 보고 판단해야 할까요?

 생각해 보기

1 여러분은 손해를 무릅쓰고 남을 도와준 적이 있나요?

- 나에게 돌아올 이익을 기대하면서 다른 사람을 돕는 행동은 착한 일일까요, 나쁜 일일까요?
- 나에게 아무 이익이 돌아오지 않아도 다른 사람을 도울 수 있을까요?
- 다른 사람을 돕는 일이 나에게도 이익이 될 수 있을까요? 이익이 된다면 구체적으로 어떤 이익을 얻을 수 있을까요? 이익이 되지 않는다면 그렇게 생각한 이유는 무엇인가요?

2 다음과 같은 이유 때문에 다른 사람을 돕는다고 가정해 봅시다.

- 다른 사람을 도와주면 지금은 힘들어도 나중에 천국에 갈 수 있다.
- 다른 사람들에게 칭찬을 듣는다.
- 다른 사람을 도와주면 나중에 나도 도움을 받을 수 있다.
- 사람들이 서로 도와주면 모두가 행복해진다.
- 어려운 사람들을 보면 나는 참 다행이라는 생각이 든다.
- 다른 사람을 도우면 나 자신이 기특하고 자랑스러워진다.
- 도움 받는 사람들이 고마워하는 모습을 보면 흐뭇해진다.
- 아무 이익이 없을 것 같다.
- 불쌍한 사람을 도와주어야 내 마음이 편해진다.
- 이익이 생겨서가 아니라 양심상 하는 것이다.

- 사람들은 어떤 이익 때문에 다른 사람을 돕는다고 생각하나요? 위에 나열된 항목 중에서 고르고, 그 이유도 설명해 보세요.
- 위에 나열된 항목 가운데 이익이라고 볼 수 없는 것이 있나요? 있다면 어느 것이고, 그 이유는 무엇인가요?
- 여러분은 위에 나열된 항목 가운데 어떤 이익이 가장 마음에 드나요? 그 이유는 무엇인가요?

3 다른 사람을 도와주고 얻을 수 있는 여러 가지 이익 중에서도 특히 다른 이익들보다 중요하다고 생각하는 이익이 있나요? 있다면 어떤 것이고 그 이유는 무엇인지 설명해 보세요.

4 모든 사람이 자기 이익만을 생각하는 대신 다른 사람에게 피해는 주지 않고 다른 사람을 돕는 일도 전혀 하지 않는다면, 그 세상은 다른 사람을 돕는 사람들이 있는 세상과 어떻게 다를까요?

2. 여자는 남자보다 힘이 세면 안 돼?

남자와 여자는 모든 상황에서 평등할 수 있을까? 남자와 여자의 차이점을 어떻게 고려해야 할까? 남녀차별은 어떤 경우에 문제가 되고 어떤 경우에 정당할까?

남녀평등 주장하면서 웬 공주병?

오늘은 조별 과제인 연극을 준비하기 위해 친구들이 모두 혜지의 집에 모이기로 한 날이다. 정훈이도 아침밥을 먹고 서둘러 혜지의 집으로 갔다. 지석이를 제외하고는 다른 친구들은 이미 거의 다 와 있었다.

거실에 옹기종기 모여 앉은 친구들은 우선 역할부터 나누기로 하고, 각자 어떤 일을 맡고 싶은지 이야기를 주고받았다. 함께 이야기를 나누니 자연스럽게 역할이 정해졌다. 정훈이가 재미있는 아이디어를 제안하면서 상황을 재미있게 구성하면, 혜지는 그 아이디어를 바탕으로 톡톡 튀는 대본을 썼다. 그림을 잘 그리는 정연이는 소품과 분장을 맡기로 했다. 진우는 능청스러운 연기력으로 친구들의 감탄을 자아냈다.

그렇게 왁자지껄 화기애애한 분위기 속에서 한창 연극을 준비하고 있는데, 부엌에서 음식을 준비하시던 혜지 어머니가 거실로 나오시더니 친구들을 부르셨다.

"얘들아, 잠깐만! 너희들 중에서 팔 힘이 가장 센 사람이 누구니?"

"저요!"

정연이가 자신 있게 손을 들었다.

"진우도 세요. 팔씨름하면 항상 이기거든요."
"오, 그래? 그럼 두 사람이 아줌마를 좀 도와줄래?"
"네. 뭘 도와드리면 되는데요?"
"여기 이 물통을 저쪽으로 옮겨야 하는데, 아줌마랑 같이 들어 보자."
"이런 건 남자가 해야죠. 제가 들게요. 아, 정연이 넌 저쪽으로 비켜. 옆에 있으면 방해돼."

진우가 자랑스레 나서 물통 한쪽을 들었지만 꼼짝도 하지 않았다. 얼굴이 벌겋게 달아오르도록 애를 써도 물통이 움직이지 않자, 이번에는 정연이가 나섰다.

"야, 나도 못 드는 걸 네가 어떻게 드냐?"

진우의 핀잔에도 아랑곳하지 않고 정연이가 물통 아래쪽을 잡고 힘을 주자, 놀랍게도 물통이 번쩍 들리기 시작했다.

"우와~ 정연아, 네가 짱이다!"

친구들의 환호성을 들으며 물통을 옮기자 혜지 어머니도 칭찬하셨다.

"정연이는 못하는 게 없구나. 공부도 잘하고 그림도 잘 그리고 얼굴도 예쁘고, 거기다 힘까지 세니까 말이야. 고맙다. 과제 준비 잘하렴."

다시 과제 준비에 집중하는데, 부루퉁하던 진우가 정연이에게 한마디 던진다.

"오정연, 너 혹시 남자 아니냐?"
"뭐? 강진우! 너 그게 무슨 말이야?"
"아니, 정연이가 나보다 힘이 더 세잖아. 그러니까 물어본 거지, 뭐."
"힘만 세면 다 남자냐? 여자는 남자보다 힘이 세지 말란 법 있어?"
"남자보다 힘센 여자가 있을 수는 있지만, 사실 남자들이 여자들보다 대체로 힘이 센 건 맞잖아."

"그럼 남자들 대부분이 여자들보다 힘이 세니까, 정연이가 힘이 세면 남자가 되는 거니?"

"에이, 왜 그래~ 남자든 여자든 힘이 세면 좋은 거지, 뭐."

진우와 정연이의 말다툼이 점점 크게 번지자, 정훈이가 재빨리 분위기 수습에 나섰다.

"힘센 여자가 뭐가 좋아? 난 무섭기만 하던데……"

윤호가 중얼거리자 이번에는 혜지가 목소리를 높였다.

"야, 지금이 어떤 시대인데 아직도 여자는 남자보다 힘이 약해야 한다는 그런 무식한 생각을 하고 있는 거야? 그게 말이 된다고 생각해?"

"그래, 미안하다. 우리가 백 번 잘못했어. 그러니까 이제 그만하고, 연극 준비나 빨리 마무리 하자."

"그래, 우리 엄마도 2시까지는 무슨 일이 있어도 끝내고 오라고 하셨어. 그러니까 빨리 하자."

모두 자기 자리로 돌아갔지만, 분위기는 이미 가라앉은 뒤였다. 아이들은 서로 눈치를 보며 과제 준비를 마치고 서둘러 자리에서 일어났다.

"정훈아, 솔직히 아까 혜지가 너무 예민하게 굴었다고 생각하지 않니? 진우는 그냥 정연이가 자기보다 힘이 세다는 뜻으로 말한 것뿐이잖아. 다른 뜻은 없었던 것 같은데……"

윤호가 못마땅하다는 듯이 물었다.

"나도 그렇게 생각해. 그래도 뭐, 여자애들 입장에서는 기분 나빴을 수도 있지."

"참나, 약한 걸 약하다고 하는데 그게 뭐 어때서? 솔직히 여자들이 남자들보다 약한 건 사실이잖아. 그런데 여자들은 남자보다 약하다는 말은 그렇게 싫어하면서, 그럼 군대는 왜 안 가는 거야? 힘쓸 일 있을 때는 약한 척하면서 남자들한테 미루는 애들은 또 얼마나 많은데."

윤호는 혜지에게 제대로 따지지 못한 것이 억울했던지, 목소리가 점점 커졌다.

"솔직히 우리 아빠는 뭐라고 하시는 줄 알아? 우리 누나가 만날 나한테 심부름을 미뤄서 내가 막 화를 냈더니, 아빠가 나보고 네가 남자니까 하라고 하시는 거야. 여자들 너무 웃기지 않냐? 어떤 때는 자기들 마음대로 남녀차별이라고 하고, 또 어떤 때는 여자가 뭐가 약하냐고 따지고."

"그러네. 도대체 뭐가 맞는 걸까? 여자는 약한 거야, 아니면 센 거야?"

능력의 차이일까, 길들여진 생각일까?

여러분은 남자이기 때문에, 혹은 여자이기 때문에 억울하고 부당한 일을 당했던 경험이 있나요? 아니면 "너는 남자(여자)니까 이선 네가 해"와 같은 말을 들은 경험이 있나요? 만약 들어 본 적이 있다면 그때 여러분의 마음은 어땠나요? '맞아. 남자와 여자는 다르니까 이건 내가 해야지'라고 생각했을 수도 있고, '왜 남자(여자)라고 이걸 해야 하지? 이건 공평하지 못해'라고 생각했을 수도 있겠지요.

이 장에서는 남자와 여자는 어떤 점이 다른지, 남녀차별이라는 말은 왜 생겼는지, 남자와 여자는 왜 평등한 존재인지를 알아보겠습니다.

우리가 흔히 주고받는 말 속에는 어떤 생각이 숨어 있을까?

진우는 무거운 물통을 번쩍 들 만큼 힘이 센 정연이에게 "너 혹시 남자냐?"고 물어봅니다. 진우의 말 속에는 어떤 생각이 숨어 있을까요? '남자는 힘이 세고 여자는 힘이 약하다'라는 생각이겠지요. 진우는 이것이 단지 자신의 생각이라기보다는 사실이라고 믿고 있는 것 같습니다. 진우가 그렇게 믿게 된 원인을 자세히 알아볼까요? 여러분은 진우의 말을 듣고 어떤 느낌이 들었나요? 귀에 거슬렸나요, 아니면 별다른 문제를 느끼지 못했나요? 네?

'남자는 힘이 세고 여자는 힘이 약하다'라는 말은 사실이 아니냐고요? 맞아요. 남자가 여자보다 힘이 센 경우가 훨씬 많으니 진우처럼 생각하는 것은 어쩌면 당연할지도 모르겠어요.

그런데 잠깐! 여기서 진우가 정연이에게 건넨 "너 혹시 남자냐?"라는 말에 주목해 봅시다. 아무리 대부분 남자들이 여자들보다 힘이 세다 해도, 남자들 못지않게 아니 오히려 남자보다 힘이 센 여자들이 있을 수는 있지요. 여러분은 그 여자들에 대해 어떻게 생각하나요? 진우는 '대부분의 남자는 여자보다 힘이 세다. 그러므로 여자는 남자보다 힘이 약하다'라고 생각하고 있지요. 즉 "모든 여자는 남자보다 힘이 약하다" 혹은 "모든 남자는 여자보다 힘이 세다", 더 나아가 "모든 여자는 남자보다 힘이 약해야 정상이다", 또는 "모든 남자는 여자보다 힘이 세야 정상이다"라고 판단하고 있습니다. 이처럼 대부분의 경우가 A라고 해서 모든 경우가 A라고 판단한다면, A에 해당되지 않는 사람들에게 뜻하지 않게 피해를 줄 수도 있겠지요.

남자와 여자의 같은 점과 다른 점

이번에는 좀 더 근본적인 문제를 살펴볼까요? 우리는 '남녀차별'이라는 말을 많이 씁니다. 그런데 '남자와 여자를 차별한다, 평등하게 대한다'라는 말은 어디서 나온 것일까요? 이 문제를 풀기 위해서는 먼저 남자와 여자에 대해 정리해 볼 필요가 있습니다.

사람은 누구나 남자와 여자로 나뉩니다. 남자와 여자는 사람이라는 점은 같지만, 서로 다른 점들도 많이 있지요. 어떤 공통점과 차이점이 있는지 한번 알아볼까요?

	남자	여자
차이점	수염이 있다 목소리가 굵고 낮다 아기를 낳을 수 없다 ⋮	수염이 없다 목소리가 가늘고 높다 아기를 낳을 수 있다 ⋮
공통점	\multicolumn{2}{l}{말을 하고 글을 쓴다 팔다리가 각각 두 개다 걸어 다닌다 밥을 먹는다 ⋮}

남자와 여자는 이렇게 많은 공통점과 차이점을 가지고 있습니다. 그런데 이 차이점들은 태어날 때부터 정해진 것인가요, 아니면 성장하면서 점차 달라지는 것인가요?

이제 아래 표에서 사람의 여러 가지 특징과 능력들을 확인하고, 이런 점들이 남자와 여자가 선천적으로 다르게 타고난 것인지, 성장하면서 차이가 생기게 된 것인지 가려 봅시다.

남녀의 다른 점
수염　　목소리　　축구 실력　　노래 실력 집안일 돕기　　그림 실력　　팔의 힘　　다리의 근육 봉사활동 하기　　수학 실력　　무용 실력　　요리하기 아기 낳기　　아기 키우기　　예쁘게 꾸미기 상대방을 설득하기　　책상 정돈하기 글씨를 예쁘게 쓰기　　글짓기　　악기 연주하기 고장 난 기계 고치기 친구 사귀기　　길 찾기　　지도 그리기

태어날 때부터 다른 점	성장하면서 달라진 점	잘 모르겠다

위의 내용 중에서 남자와 여자가 태어날 때부터 다른 점들은 '차이'라고 불러야 합니다. 이러한 차이 때문에 사람들이 남자와 여자를 다르게 대한다면, 이는 '차이에 대한 배려'라고 할 수 있을 것입니다.

남녀차별은 왜 생기는 것일까?

하지만 남자와 여자가 선천적으로 다르게 타고난 차이가 아닌데도 성장할수록 가정이나 학교, 사회에서 '남자니까' 혹은 '여자니까'라는 이유로 다르게 대하는 부분이 많아진다면 세심하게 분석해 보아야 합니다. 예를 들어 옛날에는 남자들이 요리를 하는 것을 창피하게 여겼기 때문에 남자들은 부엌에 전혀 들어가지 못했습니다. 그러니 남자들의 요리 실력을 전혀 알 수 없었지요. 그러나 요즘엔 남자가 요리를 배운다고 해서 이상하게 보는 경우는 없습니다. 만약 그런 사람이 있다면 주변 사람들은 그 사람에게 남녀차별을 한다고 말할 것입니다. 남자는 선천적으로 요리를 못하는 것이 아니라, 사회의 편견 때문에 지금까지 요리를 안 했던 것이기 때문이지요.

또 다른 경우를 살펴봅시다. 우리나라에는 옛날부터 남학생만 입학할 수 있었던 학교가 있습니다. 바로 사관학교인데, 이 학교는 군대에서 장차 장교가 될 인재를 교육시키는 특별한 학교입니다. 지금은 여학생도 입학할 수 있지만, 사실 몇 년 전까지만 해도 이 학교에는 남학생들만 지원할 수 있었습니다. 옛날부터 남학생만 입학할 수 있었으니 여학생은 받지 않는다거나, 사병들이 여자 장교를 싫어해서 여학생을 선발할 수 없다고 한다면 이것은 남녀의 차이를 배려하는 것이 아니라 부당한 남녀차별에 해당되겠지요. 이처럼 우리 주변에는 사회적 관습이나 편견은 물론이고 단지 감정상의 이유 때문에 남녀차별이 이루어지는 경우가 종종 있습니다.

이번에는 우리 반에서 어떤 남녀차별이 발생할 수 있는지 생각해 봅시다. 여러분은 축구를 좋아하나요? 우리 반과 옆 반이 축구 시합을 하게 되어 선수를 선발하게 되었습니다. 이때 여러분 반의 여자 친구가 자기를 선수로 뽑아 달라고 하면 여러분은 어떻게 할 건가요? 만약 그 친구가 우리 학년 전체 여자 친구 중에서 체육을 가장 잘하고 공도 잘 다루지만 그 친구를 선수로 뽑지 않았다면, 이것은 부당한 남녀차별일까요? 아니면 남녀의 차이를 고려한 배려일까요?

이 문제에 답을 하기 위해서는, 남자와 여자의 능력 차이가 선천적인 것인지 아니면 재능을 키우고 발휘할 기회가 공평하지 못해서 생기는 것인지 잘 분별해야 합니다. 만일 남녀의 체력과 운동 기능이 선천적으로는 차이가 없지만 체력을 기르고 운동 기능을 익힐 기회가 남녀에게 다르게 주어졌다면, 비록 여자 친구의 체력과 실력이 남자 친구들에 비해 뒤처지더라도 함께 운동할 수 있는 기회를 제공해야 합니다. 그러나 남자와 여자의 몸이 다른 것처럼 체력과 운동 기능도 선천적으로 다르다면, 남녀가 같은 조건에서 함께 경쟁하는 것은 오히려 여자 친구에게 피해를 주는 일이 되겠지요.

아기를 낳는 일은 여자들만이 할 수 있는 일입니다. 따라서 남녀가 같은 직장에서 일을 하더라도 임신한 여성에게는 아기를 낳을 때 3개월 동안 특별휴가를 주도록 되어 있습니다. 이때, 여자에게만 3개월 동안 특별휴가를 준다고 해서 이것을 부당한 차별이라고 할 수는 없습니다. 오히려 공정한 대우라고 해야겠지요.

　이런 경우를 생각해 봅시다. 어떤 남자 아이가 몸이 아픈 어른들을 돌보아 주기를 좋아했습니다. 그래서 이 아이는 간호사가 되기로 결심하고 꿈을 이루기 위해 열심히 공부했습니다. 그런데 모든 대학의 간호학과에서 여학생만 뽑고 지금까지 남학생이 입학한 경우도 전혀 없다면, 이 아이는 어떻게 해야 할까요? 예전에는 간호사라는 직업은 여자들만 하는 일로 여겨졌지만, 시대가 변하면서 그런 생각은 사라지게 되었습니다. 물론 여자들만 하던 일을 남자가 하려면 무척 어색한 것이 사실입니다. 아마 여성 최초로 사관학교에 입학한 여학생도 처음에는 주변의 따가운 시선을 감당해야 했을 것입니다. 이처럼 사회의 관습이나 편견 때문에 자신의 취향과 능력을 발휘할 수 없게 된다면, 이것이야말로 부당한 차별대우라고 할 수 있습니다.

　이제는 남자냐 여자냐를 따지지 말고, 남자와 여자의 능력 차이가 선천적인 것인지 후천적인 것인지를 가려내는 데 집중해야 합니다. 남자와 여자가 타고난 차이 때문에 할 수 있는 일이 다르다면 우리 사회의 제도나 시설을 그 차이에 맞추어야겠지요. 그러나 성별에 상관없이 자신의 노력으로 얼마든지 능력과 적성을 살릴 수 있다면, 우리 사회도 모두에게 기회를 공평하게 주어야 합니다.

　지금 우리 주변에서 벌어지고 있는 많은 남녀차별 중에는, 이것이 남녀의 선천적인 차이 때문에 생기는 것인지 사회의 오랜 관습과 편견 때문에 생긴 것인지 명확하게 구분되지 않는 것들이 있습니다. 그래서 많은 사람들이 서로 엇갈린 주장을 내놓기도 하지요. 여러분도 친구들과 이런 문제를 가지고 토론하면서 더 깊게 생각해 보세요.

생각해 보기

1 여러분은 학교나 가정에서 '너는 남자니까, 너는 여자니까'라는 말을 자주 듣나요?

- 여러분이 남자여서, 또는 여자여서 싫었던 경험이 있나요? 있다면 왜 싫었는지 그때의 상황을 이야기해 봅시다.
- 여러분이 남자여서, 또는 여자여서 좋았던 경험이 있나요? 있다면 왜 좋았는지 그때의 상황을 이야기해 봅시다.
- 우리 사회에서 남자 또는 여자라는 이유로 상대방을 차별하는 경우가 있는지 생각해 보고, 있다면 어떻게 고칠 수 있을지 이야기해 봅시다.

2 아래 질문을 읽고 대답해 봅시다.

> - 밥을 짓고 설거지하기
> - 담임 선생님과 상담하기
> - 우는 아기를 달래고 목욕시키기
> - 친구들과 장거리 여행을 떠나기
> - 농사짓기
> - 화장하기
> - 고장 난 자동차를 수리하기
> - 입고 싶은 옷을 자기 취향대로 입기

- 위의 보기에서 남자가 할 일과 여자가 할 일, 성별에 상관없이 누구나 할 수 있는 일이 각각 어떤 것인지 나누어 봅시다.
- 남자와 여자가 할 일을 구분하는 기준이 무엇이라고 생각하나요? 옛날에는 남자, 또는 여자만 할 수 있는 일로 여겨졌지만 지금은 성별에 상관없이 누구나 할 수 있는 일이 무엇인지 찾고, 그 이유를 이야기해 봅시다.

3 여러분은 우리 사회에 남녀차별이 심하다고 생각하나요, 아니면 남녀평등이 잘 지켜지고 있다고 생각하나요?

- 남녀차별의 문제점을 지적하고 남녀평등을 주장하기 위해서는 어떤 근거를 제시해야 상대방을 설득할 수 있을까요?
- 남자와 여자가 서로의 다른 점을 인정하고 함께 살아가기 위해서는 어떤 마음가짐이 필요할까요?

3. 의리 있는 우정인가 정의로운 배신인가?

의리를 지킨다는 것은 무엇이며 왜 중요할까?
친구와의 우정이나 가족과의 사랑보다 정의가 더 중요할 수 있을까?

규칙을 어기는 건 무조건 잘못이야!

오늘 축구 시합은 한마디로 황당함과 당혹스러움 그 자체였다. 한 달 전만 해도 옆 반의 축구 실력이 우리 반보다 훨씬 뒤져 있었기에, 솔직히 우리 반 선수들이 이번에 연습을 열심히 하지 않았던 것은 인정한다. 그런데 얼마 전 옆 반으로 전학 온 아이의 공 다루는 실력이 보통이 아니었다. 그 아이 덕분인지 옆 반의 팀워크도 훨씬 좋아졌고, 공의 연결을 막아 내기도 쉽지 않았다. 결국 우리는 전반전에서 한 골을 넣어 환호성을 외친 지 5분도 되지 않아 그만 동점골을 허용하고 말았다. 그 후로는 공격할 기회도 제대로 얻지 못했고, 후반전에 투입된 새로운 다크호스의 발 빠른 공격까지 막아 내느라 정신이 없었다.

그러다가 우리 팀 인철이가 두 번째 태클로 경고를 받게 되었다. 우리 팀 선수들은 이 경고가 부당하다고 항의했고, 옆 반은 옆 반대로 분명히 규칙을 어겼다며 목에 핏대를 세웠다. 심판은 어느 쪽 의견을 따라야 할지 몰라 망설이고 있었다. 그때였다.

"솔직히 우리 팀이긴 하지만, 인철이가 반칙한 게 맞아."

정훈이었다. 우리 반 아이들은 모두 깜짝 놀라 정훈이를 바라보았다.

"아까 인철이가 손으로 쟤를 밀면서 발을 뻗는 걸 내가 분명히 봤어."

우리 반 선수들과 친구들은 그 자리에서 얼어 버렸다. 다들 '아니, 쟤가 지금 제정신인가?'라는 표정을 짓고 있었다.

결국 그날 시합은 우리가 2대 1로 지고 말았다. 시합이 끝나자마자 우리 반 친구들은 툴툴거리며 교실로 향했고, 몇몇 선수들은 골대와 공을 마구 걷어차며 분을 삭이지 못하고 있었다. 그때 교실 쪽으로 들어가던 진우가 씩씩대며 다시 운동장 쪽으로 나오더니 소리를 질렀다.

"야, 정훈이 이 자식 어디 갔어? 야, 박정훈! 너 빨리 나와! 이리 안 와?"

"나 귀 안 먹었어. 조용히 말해도 돼. 왜? 무슨 일인데?"

"박정훈, 우리 반 애들이 아무도 못 본 걸 너는 어떻게 봤냐? 네 눈에는 무슨 특수 렌즈라도 달려 있냐?"

그 말에 정훈이는 어처구니가 없다는 듯이 진우를 바라보았다.

"너 혹시 인철이랑 싸웠냐? 아니면 인철이가 너한테 뭐 잘못한 거라도 있어? 인철이랑 대판 싸웠지? 그래서 이런 식으로 복수하려는 거 아니냐고!"

진우가 정훈이의 멱살을 잡고는 곧 주먹이라도 날릴 기세로 몰아붙였다.

"무슨 소리야? 나 인철이랑 아무 일도 없어."

정훈이도 질세라 진우를 잠시 노려보더니, 이내 진우의 손을 힘껏 잡아 양 옆으로 홱 뿌리치고는 교실로 들어갔다.

친구들의 원망을 듣고도 당당한 정훈이의 모습에 아이들은 잠시 당황했지만, 이내 정훈이의 등 뒤에 대고 이렇게 외쳤다.

"이 배신자!"

이 사건 이후로 아이들은 아무도 정훈이 곁에 가지 않았다. 평소 친하게 지냈던 친구들도 마찬가지였다. 우연히 복도에서 마주쳐도 눈길 한 번 주지 않았고, 점심시간에도 혼자 밥을 먹었다. 정훈이도 처음 사흘 정도는 친구들의

반응에 신경 쓰지 않았다.

'자식들, 그래~ 너희들 마음은 이해한다 이거야. 우리 반이 졌으니 당연히 속이 상하겠지. 아무리 그래도 우리가 질 수도 있는 거지, 거짓말까지 해서 이기겠다는 건 잘못된 거잖아? 옳은 건 옳고 잘못된 건 잘못됐다고 해야 할 거 아니냐고. 너희들도 시간이 지나면 내가 잘못한 게 없다는 걸 알게 될 거야.'

하지만 친구들의 반응은 그렇지 않았다. 일주일이 지나도록 누구 하나 정훈이에게 말을 붙이지 않았다. 정훈이는 답답했지만, 그렇다고 자기가 먼저 친구들에게 다가가고 싶지는 않았다.

'내가 뭘 잘못했다고 먼저 굽혀야 해? 그럴 필요는 없어. 그런데 내가 지금 왕따를 당하고 있는 건가?'

경고 받는 게 맞아?

그동안 왕따에 관한 이야기를 접할 때마다 자신과 상관없는 이야기라고 생각했지만, 시간이 지날수록 정훈이는 슬슬 불안해지기 시작했다.
 '그날 인철이가 반칙하는 것을 본 사람이 정말 나밖에 없나? 다른 애들도 분명히 봤을 텐데, 우리 팀이니까 아무 말 못한 거겠지? 그런데 정말 나만 보고 다른 애들은 아무도 못 봤다면, 내가 잘못 봤을 수도 있지 않을까?'
 '에이, 그럴 리가 없지. 나도 같은 팀인데, 같은 팀이 반칙하는 걸 잘못 봤을 리가 없어. 맞아, 심판도 봤으니까 나만 본 게 아니라고.'
 이런저런 생각을 하며 집으로 돌아오니 마침 삼촌이 와 있었다. 대학교 2학년인 삼촌은 공부도 잘 가르쳐 주고 이야기도 잘 통해, 형제가 없는 정훈이는 삼촌을 좋아하고 잘 따랐다. 삼촌과 함께 간식을 먹으면서 고민을 털어 놓기로 했다.
 "삼촌, 우리 팀과 다른 팀이 시합을 하다가 우리 팀이 반칙을 했다면 아무리 우리 팀이어도 경고를 받는 게 당연한 거 아니야?"
 "그렇지. 왜?"
 "며칠 전에 우리 반이랑 옆 반이 축구 시합을 했거든. 그런데 분명히 우리 반 선수가 반칙을 해서 심판이 경고를 줬는데, 우리 반 아이들이 아무도 못 봤다고 막 항의를 하는 거야. 그런데 난 우리 반 선수가 반칙하는 걸 봤거든? 그래서 반칙한 게 맞으니까 경고 받는 게 당연하다고 했어. 그랬더니 그날 이후로 애들이 아무도 나한테 말을 안 걸어."
 "그래? 음…… 너희 반 친구들한테 네가 그렇

게 얘기했단 말이지?"

정훈이의 말에 삼촌은 생각에 잠겼다.

"삼촌도 내가 잘못했다고 생각해?"

"글쎄, 잘못이라기보다는……. 음…… 그러니까 그게……."

"규칙을 잘 지켜야 한다고 말한 것뿐인데 나한테 배신자라고 할 것까진 없잖아."

"그래. 네가 규칙을 지키자고 말한 건 물론 잘못한 게 아니야. 그런데 정훈아, 네가 친구들에게 우리 팀이 반칙을 했으니 경고를 받는 게 당연하다는 식으로 말했다면 친구들 기분이 좋을 리는 없을 거야. 사실 경기라는 건 상대 팀과 대결해서 이기려고 하는 거잖아. 시합 전에 같은 팀끼리 모여서 연습도 하고 전략도 짜는 건, 그만큼 우리 팀이 이기기를 바라는 마음이 크기 때문이지. 그러니 같은 팀끼리 서로 믿는 마음도 클 테고. 그런데 같은 반 친구가 우리 팀이라는 입장이 아니라 제3자 입장에서 말을 하면, 같은 팀으로서 그 사람을 믿고 의지했던 마음이 깨졌다고 느낄 수 있지 않을까?"

"에이, 삼촌은 왜 말을 이랬다저랬다 해? 아깐 내가 잘못한 게 아니라고 해 놓고 지금은 내가 우리 반 애들의 믿음을 깼다는 거야?"

"정훈아, 세상에는 100퍼센트 잘한 일, 100퍼센트 잘못한 일이라고 딱 잘라 말할 수 없는 일들도 많아. 때로는 내 입장에서도 생각해 보고 친구들 입장에서도 생각해 보고 심판 입장에서도 생각해 보고 옆 반 친구들 입장에서도 생각해 볼 필요가 있단다. 이 문제는 너도 좀 더 생각해 보렴. 네 생각이 틀렸다는 뜻은 절대 아니야. 다만 앞으로 친구들과 이 일을 어떻게 풀어 갈지 생각해 보란 뜻이지."

 들여다보기

냉정한 공평이냐, 따뜻한 눈감아 주기냐?

여러분은 정훈이의 행동을 어떻게 생각하나요? 정훈이가 잘못했다고 생각하나요, 아니면 친구들이 잘못했다고 생각하나요? 양쪽 다 잘못했다는 생각도 든다고요?

여러분이 정훈이라면 앞으로 어떻게 할 건가요? 그냥 신경 쓰지 않고 지내겠다는 친구도 있을 것이고, 친구들에게 먼저 다가가서 사과하고 친하게 지내겠다고 생각하는 친구들도 있겠지요.

이 상황에서 어떻게 행동할지를 선택하는 것은 친구와의 우정과 규칙을 지키는 것 중 무엇이 더 중요한지를 선택하는 문제이기도 하답니다. 정훈이처럼 '나는 잘못한 게 없어'라고 생각하는 친구들은 규칙을 지키는 것이 더 중요하다고 생각할 테고, 친구들에게 사과하고 왕따에서 벗어나겠다는 사람은 우정을 선택하는 것이 더 중요하다고 생각하겠지요.

어떻게 같은 반 친구들을 배신할 수가 있어?

반 대항 경기를 하게 되면, 평소에는 별로 친하지 않던 친구들도 경기가 진행되는 동안만큼은 한마음으로 응원하는 것을 볼 수 있습니다. 경기를 할 때 얼마나 열정적으로 응원하느냐는, 선수들의 실력 못지않게 우리 팀이 승리하

는 데 아주 중요한 역할을 하지요.

그런데 반 전체가 똘똘 뭉쳐 한목소리로 응원해도 이길까 말까 한 상황에서 우리 팀이 저지른 반칙을 먼저 인정하고 자수한다면, 마치 우리 팀이 져도 괜찮다는 뜻으로 비칠 수 있습니다. 정훈이네 반 친구들처럼 혼자만 잘난 척한다고 생각할 수도 있고, 우리 팀의 우승을 위해 함께 응원하는 다른 친구들을 무시하는 것 같은 느낌도 줄 수 있지요. 그러니 친구들은 정훈이를 같은 반 친구로 인정하고 싶지 않을지도 모릅니다.

사실 여러분에게 친구들과 함께 공부하고 놀고 이야기하는 일상은 매우 소중한 시간입니다. 친구 없이 혼자서 등하교를 하고, 식사를 하고, 공부를 한다는 것은 생각만 해도 지루하고 숨 막히듯 답답하지요. 그런데 옆 반과 재미로 하는 경기에서 사소한 규칙 한두 번 어겼다고 같은 반 친구를 죄인으로 만들다니, 친구들이 충분히 실망할 만하지요?

거짓말을 하고 이겨봤자 무슨 소용이야?

이번에는 정훈이의 마음을 들여다봅시다. 같은 반 친구가 반칙을 했다고 말할 때, 정훈이의 마음은 어땠을까요? 아무리 같은 반 친구지만 잘못은 잘못이니 어쩔 수 없다고 생각했을까요? 아니면 안타깝고 속상하지만 정직하게 경기를 해야 한다고 생각했을까요?

우리 주변에는 정훈이처럼 불이익을 감수하면서도 규칙을 지키는 것을 친구와의 관계나 자신의 이익보다 중요하게 여기는 사람이 있습니다. 이런 사람들은 규칙은 여러 사람들이 함께 정한 약속이니 이것을 소홀히 여기면 안 된다고 생각하지요. 이런 생각에 대해 좀 더 이야기해 봅시다.

만약 경기나 시합을 할 때 사람들이 규칙을 지키지 않으면 어떤 결과가 벌어질까요? 규칙을 어겨서 이긴다면, 규칙을 지키고 이겼을 때와 비교했을 때 어떤 차이가 있을 거라고 생각하나요? 상대편이 규칙을 어겨서 이겼다면, 경기에서 진 사람들은 어떤 기분이 들까요? 우리는 이 모든 입장에서 생각해 볼 필요가 있습니다.

실제로 월드컵이나 올림픽 경기에서 심판이 상대 팀에게 유리한 판정을 내려 우리나라가 지게 된 경우가 있었지요. 스피드 스케이팅 경기에서 다른 나라 선수가 반칙을 해 우리나라 선수가 뒤처지거나 넘어졌을 때, 우리는 어땠나요? 또 축구 경기에서 우리나라 선수가 저지른 반칙에 퇴장이라는 큰 벌칙이 주어졌을 때를 기억해 봅시다. 앞에서 보았듯이 규칙이 제대로 지켜지지 않거나 판정이 잘못되었다고 여겨지면 큰 싸움으로 번지기 십상입니다.

만약 이런 상황이 발생한다면, 경기를 치르는 진짜 목적이 무엇인지 다시 생각해 볼 필요가 있습니다. 우리는 왜 경기나 게임을 즐기는 걸까요? 우리가 게임이나 경기를 하는 목적은 승리의 기쁨을 누리기 위함입니다. 그런데 누가 봐도 우리 팀이 질 것이 당연한데도 경기에 참여하는 경우가 있습니다. 이런 경우, 경기에 참여하는 목적은 무엇일까요? 경기에서 승리하는 것이 매우 기쁜 일이긴 하지만, 경기에서 이기지 않더라도 더 많은 점을 배우고 깨달을 수 있기 때문입니다.

경기나 게임을 진행할 때 규칙을 지키는 것은 승패를 구분하는 잣대가 되기도 하지만, 경기에 참여하는 사람들이나 구경하는 사람들에게 경기 자체의 재미를 주기도 합니다. 최선을 다해 정직하게 경기에 임하는 선수들을 보면서 감동을 받기도 하고요.

"누가 그걸 몰라요? 알면서도 다들 슬쩍슬쩍 반칙을 하니까 문제지요."

여러분 중에는 이렇게 따지고 싶은 사람들도 있을 거예요. 맞아요. 사실 어른들도 머리로는 다 알고 있으면서 실제로는 다른 행동을 한답니다. 내가, 우리 팀이 이득을 볼 수 있다면 작은 규칙은 살짝 어겨도 괜찮다고 생각하기 때문이지요.

자, 여기서 우리가 짚어 보아야 할 점은 바로 '규칙을 살짝 어기는' 경우입니다. 이 방법이 성공해야 우리 팀이, 내가 이익을 얻을 수 있는데 이것이 생각처럼 쉽지는 않지요. 남들 모르게 슬쩍슬쩍 규칙을 어겨서 이익을 얻으려면 첫째, 들키지 않아야 하고 둘째, 세상 사람들은 모두 정직하고 나만 규칙을 어겨야 합니다. 그런데 이 세상 모든 사람들은 가장 먼저 자기 자신, 즉 '나'의 입장에서 생각합니다. 세상 모든 사람이 '나'인 세상에서 모든 사람들이 규칙을 조금씩 어긴다면 어떻게 될까요? 규칙을 어겨도 소용이 없겠지요. 어기더라도 많이 어겨야 다른 사람들보다 내가 유리해질 것이고, 또 성공한다 해도 규칙을 많이 어기게 되면 결국에는 들키게 되니까요. 그렇게 되면 규칙을 많이 어긴 사람일수록 위험한 사람, 피해야 할 사람이라는 낙인이 찍히게 되고, 더 큰 벌을 받기도 합니다.

나 혼자만이 아니라 우리 가족, 우리 학교, 우리 동네 사람들 모두에게 이익이 되는 일이라면 어느 정도의 반칙이나 거짓은 괜찮다고 생각하나요? 물론 그렇게 생각할 수도 있습니다. 하지만 부정적인 방법으로 이익을 얻은 사람들끼리 맺는 우정이나 의리가 과연 얼마나 든든할까요? 그런 의리나 우정은 오랫동안 이어 가기가 매우 어렵습니다. 왜냐고요? 그 의리와 우정은 이익 때문에 생긴 것이기 때문입니다. 따라서 새로운 상황에 접하게 되거나 더 이상 이익이 생기지 않으면, 그 관계는 깨지기 쉽습니다.

그뿐만이 아닙니다. 나만 이익을 얻으면 된다는 사람들이 많아질수록 다른 정직한 '나'들이 억울한 피해를 입게 되고, 나 또한 '규칙을 어기는 또 다른 나'로 인해 피해를 볼 수 있습니다. 규칙을 어겨서 나와 우리 가족과 친구들만 이익을 볼 수 있다면 좋겠지만, 그런 사람들이 많아질수록 결국은 우리도 피해자가 되기 쉬울 것입니다. 사람들은 이런 일이 생기지 않도록 하기 위해 규칙을 만들어 다 같이 지키기로 약속했지요. 그러니 지금 당장은 내가 피해를 보는 것 같아도, 규칙을 지키는 것은 결국 나의 이익을 다른 사람에게 억울하게 빼앗기지 않고 다른 사람들도 나의 이익을 빼앗지 못하게 하기 위한 장치라고 볼 수 있습니다.

규칙만 지키면 전부일까?

"규칙을 지키는 것은 올바르고 정의로운 일이니 모든 사람들은 반드시 규칙을 지켜야 한다."

그렇지요. 맞는 말입니다. 그런데 여러분은 이 말에 절대적으로 동감하나요? 혹시 이 말이 조금은 불편하게 느껴지지 않나요? 만약 그렇다면 그 이유는 무엇 때문일까요? 모든 사람들이 규칙을 잘 지키면서 살면 정말 이 세상이 행복하고 살 만한 곳이 될까요?

'다른 사람을 다치게 하거나 피해를 주어서는 안 된다.'

모든 사람들이 이 규칙에 동의합니다. 이 규칙을 잘 지키는 사람이 아주 훌륭하고 존경할 만한 사람이라고 말하기는 어렵지만, 적어도 나쁜 사람은 아니라고 충분히 인정할 수 있습니다. 그런데 어떤 사람은 일부러 다른 사람을 다치게 하거나 죽이고도 존경을 받는 경우가 있습니다. 왜 그럴까요? 이 경우에 해당하는 인물을 찾아, 그 이유를 설명해 봅시다.

생각해 보기

1. 여러분은 사소한 규칙을 어겨서 이익을 얻은 적이 있나요?

   - 그런 경험이 있다면 어떤 상황이었고, 그 당시 기분이 어땠는지 이야기해 봅시다.
   - 그런 경험이 없다면 규칙을 어기고 싶은 충동을 어떻게 이겼는지, 또 그 당시 기분이 어땠는지 이야기해 봅시다.

2. 친한 친구가 규칙을 어기는 것을 목격한 적이 있나요?

   - 목격한 적이 있다면, 그때 여러분은 그 친구를 보면서 어떤 기분이 들었나요?
   - 친구가 정당하지 못한 방법으로 이익을 얻어 여러분이 피해를 입었다면 어떻게 할 것인지 이야기해 봅시다.

3. 다음 내용을 읽고 각 상황의 문제점이 무엇인지 이야기해 봅시다. 문제점이 없다고 생각한다면 그렇게 생각하는 이유도 함께 설명해 봅시다.

- 점심을 먹기 위해 식당 앞에서 줄을 서 있는데, 친한 친구가 자리를 맡아 달라고 부탁해서 내 앞에 줄을 서도록 자리를 마련해 주었다.
- 친구가 새 옷을 입고 와서 어울리느냐고 물어보았다. 그런데 아무리 봐도 촌스럽다. 그렇지만 친구의 마음을 상하게 하고 싶지 않다. 어떻게 대답하면 좋을까?
- 가족들과 함께 대형마트로 장을 보러 갔는데, 계산대마다 사람들이 길게 줄을 서 있었다. 우리 가족은 물건을 조금만 구입했기 때문에 소량 계산대 쪽으로 가서 줄을 섰는데, 마침 내일 미술시간에 쓸 색종이를 깜빡한 것이 생각났다. 색종이를 가져오니 점원이 구입하는 물건 품목이 늘어났다며 다른 계산대에서 계산해야 한다고 한다. 우리 가족 뒤에는 줄을 선 사람들이 아무도 없는데, 자리를 옮겨야 할까?
- 아침 자습 시간에 전날 선생님이 내 주신 수학 숙제를 하지 않은 것이 생각났다. 숙제 양이 만만치 않아서 친구에게 노트를 빌리기로 했다. 얼른 베껴야지.

4 우리는 윤봉길 의사를 존경합니다. 그는 일본 사람들에게 폭탄을 던지는 등 많은 사람을 죽였는데 왜 존경을 받는 것일까요? '다른 사람을 다치게 하거나 죽여서는 안 된다'라는 규칙은 이 상황에서 어떤 의미를 가지고 있는지 설명해 봅시다. 윤봉길 의사가 왜 그런 행동을 하게 되었는지 그 이유를 여러 가지 측면에서 생각해 봅시다.

- 그 당시 우리나라와 일본은 어떤 상황이었나요?
- 윤봉길 의사는 어린 시절을 어떻게 보냈고 어떤 활동을 하며 살았는지 찾아 봅시다.

4. 따돌림을 당하는 건 네 탓이지

친구란 무엇일까? 친구가 되기 위해 필요한 자격이 있을까? 아무리 노력해도 친해질 수 없는 사람이 있을까? 나는 친구로서 어떤 장점과 단점을 가지고 있을까? 다른 사람을 무시하거나 무시를 당하는 사람에게는 어떤 문제점이 있을까?

도대체 왜 나를 자꾸 괴롭히는 거야!

쉬는 시간, 미나와 세림이가 지석이 옆을 지나가다가 지석이 책상 위에 올려 둔 필통을 실수로 떨어뜨렸다. 미나가 재빨리 "어머, 미안해"라고 사과를 했지만 지석이는 미나를 향해 소리를 꽥 질렀다.

"야! 미안하다고 말만 하면 다야? 내 필통 빨리 제자리에 갖다 놔!"

"미안해. 갖다 놓을게."

미나는 얼른 필통을 주워 제자리에 가져다 놓았다. 그때, 어제 하굣길에 지석이를 심하게 괴롭혔던 재영이가 소리를 질렀다.

"야, 너 왜 아침부터 소리를 지르고 그래!"

그 말에 지석이는 재영이를 향해 성큼성큼 다가가더니, 순식간에 재영이의 멱살을 잡았다.

"야, 네가 뭔데 나한테 소리를 지르고 난리야? 네가 우리 아버지냐? 네가 선생님이라도 돼! 내가 내 입으로 말하는데 네가 무슨 참견이야!"

"뭐? 너 지금 말 다했어?"

재영이도 지석이의 멱살을 잡으려는 순간, 지석이는 힘껏 주먹을 날렸다. 재영이가 자리에 풀썩 주저앉자 여자 아이들은 소리를 질렀고, 다른 친구들은 슬금슬금 지석이 눈치를 보며 뒤로 물러났다.

"그리고 김규태! 너 앞으로 나한테 한 번만 더 대들면 가만 안 둬! 나머지도 마찬가지야!"

의기양양해진 지석이는 반 아이들을 둘러보며 으름장을 놓았다. 아이들은 지석이 눈치를 보며 슬금슬금 자기 자리로 돌아갔다.

'따르릉~ 따르릉~'

그때 어디선가 날카로운 종소리가 들렸다. 정신을 차리고 보니, 안타깝게도 꿈이었다. 아침이 오지 않기를 그렇게 바랐건만……. 지석이는 눈을 비비며 일어나 한숨을 푹 쉬다가, 방으로 들어온 엄마에게 힘없이 말했다.

"엄마, 나 아파요."

"왜, 감기 걸렸어? 어디 보자. 열은 없는데……. 심하지 않으면 일어나서 학교 갈 준비해. 아침 먹고 약 줄게."

역시 엄마 앞에서는 꾀병이 통하지 않는다. 하는 수 없이 자리에서 일어났지만, 얼굴은 여전히 부루퉁했다.

"열은 없으니까 일단 학교에 가. 많이 아프면 선생님께 말씀드려서 조퇴하고."

'엄마는 아직도 내 마음을 이해하지 못하시는구나.'

지석이는 정말 죽고 싶다는 생각을 했다. 몇 달 전 엄마에게 반 친구들이 자신을 괴롭힌다고 하소연했지만, 엄마는 반 친구들을 초대해 생일 파티를 열어 주셨을 뿐이었다. 이제 와서 엄마에게 다시 이야기를 꺼낼 수는 없었다.

'어휴, 쟤가 날 또 째려보네. 빨리 나가 버려야지.'

점심시간. 자기 자리를 지키고 있던 지석이는 세림이가 자기 쪽으로 눈길

을 보내는 것이 느껴지자 곧바로 자리에서 일어났다. 복도로 나가는데, 이번에는 교실로 들어오던 미나가 지석이를 보고 화들짝 놀라며 한 발 물러났다. 다른 아이들도 마치 징그러운 벌레를 보고 놀라듯, 지석이를 보고 뒷걸음질을 치거나 황급히 얼굴을 돌렸다. 그래도 상관하지 않는다. 이제는 익숙하니까. 그저 방해하거나 때리지만 않았으면 좋겠다.

지석이는 수업 시간에도 좀처럼 발표를 하지 않는다. 그러나 선생님이 발표를 시키시면 작은 목소리지만 자기 생각을 또박또박 이야기한다. 그러면 아이들이 귀를 막거나 대놓고 얼굴을 찌푸린다.

그래도 수업 시간에는 선생님이 계시니까 그나마 나은 편이다. 수업이 끝나고 집으로 갈 때면 늘 혼자가 된다. 그걸 아는 몇몇 아이들은 항상 지석이를 따라가며 괴롭힌다. 혼자 착한 척한다, 선생님한테 고자질을 한다, 수업 시간에 아는 척한다, 목소리가 이상하다……. 말도 안 되는 핑계를 대며 온갖 트집을 잡는다. 지난번에는 그저 앞을 보고 걸어가는데 왜 자기를 쳐다보느냐며 욕을 한 적도 있다.

'대체 내가 뭘 그렇게 잘못했다는 거지? 내가 자기들한테 피해를 준 것도 아닌데, 도대체 왜?'

지석이는 이불을 뒤집어쓰고 밤늦게까지 혼자 울기도 했다.

'아, 살기 싫다. 이렇게 괴롭힘 받고 무시당하면서 살 거면 차라리 죽는 게 낫겠어. 그냥 흔적도 없이 사라져 버렸으면…….'

 들여다보기

나는 좋은 친구일까? 나쁜 친구일까?

여러분에게는 어떤 친구들이 있나요? 같이 놀면 재미있는 친구, 나에게 친절하게 대하는 친구, 나에게 어려운 일이 있을 때 잘 도와주는 친구, 함께 공부하면서 선의의 경쟁을 하는 친구, 언제나 새롭고 흥미로운 소식을 이야기해 주는 친구, 비밀 이야기를 나누는 친구, 만나기만 하면 다투면서도 친하게 지내는 친구…….

많은 친구들이 있겠지만, 그 친구들과 똑같이 친하지는 않을 겁니다. 항상 붙어 다니는 친구가 있는 반면, 아주 친하지는 않지만 학원에 갈 때 항상 같이 가는 친구, 공부를 함께하는 친구, 게임을 함께하는 친구도 있겠지요.

이처럼 우리에게 '친구'는 좋든 싫든 없어서는 안 될 소중한 존재입니다. 우리가 하루 중 친구와 함께 지내는 시간을 계산해 보면, 가족들과 보내는 시간 못지않게 많다는 것을 알 수 있습니다. 심지어 가족보다 친구들과 함께 지낸 시간이 더 많을 때도 있지요.

그런데 우리에게는 좋은 친구만 있는 것이 아니지요. 내 옆에 오는 것조차 싫은 사람도 있고, 친구라고 할 수 없을 만큼 사이가 나쁜 경우도 있습니다. 특히 나뿐만 아니라 다른 친구들도 다들 싫어하고 피하려고 하는 친구, 친구들과 이야기를 하다 보면 나도 모르게 흉을 보게 되는 친구도 있지요.

언젠가 인터넷에 올라왔던 글입니다.

중학생 때 뚱뚱하고 못생겨서 왕따를 당하는 여자 친구를 본 적이 있습니다. 저는 사실 그 친구가 싫지 않았습니다. 성격도 괜찮고 배려도 잘하는 친구였는데 학교가 남녀공학이어서인지 남학생들은 항상 그 친구를 짓궂게 놀리고 여학생들도 그 친구를 무시하고 따돌렸습니다. 저는 처음에 그 친구와 친하게 지냈지만 이내 분위기를 파악하고 그 친구와 멀어졌습니다. 인터넷에서 나쁜 글만 읽어도 상처를 받기 쉬운데 하루 종일 같이 지내는 반 친구들에게 왕따를 당하는 기분이 어떨까요.

여러분은 이런 경험 없으신가요? 저는 지금도 그때를 생각하면 비굴한 내 모습을 보는 것 같습니다. 그 당시에는 나 자신을 속이는 데 익숙해져 있어서 몰랐습니다. 저 친구는 어차피 뚱뚱하고 못생겼으니까, 다른 애들도 다 하니까, 나만 그런 거 아니니까, 선생님들도 모르시니까…….

그 친구를 괴롭히는 아이들을 보면 다들 성격도 괜찮은 것 같고 특별히 나쁜 아이들이라는 생각이 들지 않았습니다. 그래서 제 행동을 정당하게 생각했는지도 모르겠습니다.

만약 누군가가 여러분 반의 왕따에게 "쟤는 왜 왕따야?"라고 물으면, 여러분은 어떻게 대답할 건가요? 그 친구가 문제가 많아서 따돌림을 받는 게 당연하다는 답변이 예상되네요. 이 답변 속에는 '사람들이 따돌리는 데에는 그럴 만한 이유가 있다'라는 생각이 담겨 있지요.

이번에는 시선을 조금 돌려 볼까요? 만약 여러분이 다른 친구들 모두가 가까이하기 싫어하는 사람이라면 어떤 기분이 들까요? 나는 왕따를 당할 만큼 이상한 사람이 아니니 그런 걱정을 할 필요가 없다고요? 그렇다면 다행이지만, 여러분도 분명 한번쯤은 저 친구가 나를 별로 좋아하지 않는구나 하는 것을 느껴 본 적이 있을 거예요. 아무 이유 없이 왕따를 당한 적이 있다고 고백

하는 친구들이 있는 것처럼 말이지요. 자신도 왕따가 될까 봐 친구들이 왕따를 괴롭힐 때 일부러 동참하는 친구들도 있다던데, 누군가를 왕따시키는 현상이 우리 사회에서 완전히 사라지지 않는 한, 나 자신도 완벽하게 안전하다고 장담할 수는 없을 거예요.

여러분에게 친구가 한 명도 없다면 어떨까요? '학교 갈 자신이 없다', '이사를 가고 싶을 것 같다'는 사람도 있을 테고, '난 친구가 없어도 괜찮다'고 말하는 사람도 있을 거예요. 하지만 친구가 한 명도 없이 혼자 산다는 것은 불가능합니다. 물론 성격에 따라 친구가 많은 것이 좋은 사람, 적은 것이 좋은 사람은 있겠지만, 친구가 한 명도 없는 것이 좋다는 사람이 과연 있을까요?

주변에 마음을 나눌 친구가 없는 사람들은 흔히 컴퓨터 오락에 빠지는 경우가 많습니다. 친구가 없다는 허전함에서 벗어나기 위해 가상 세계에 집착하게 되는 것이지요. 그러니 이런 사람은 마음이 아픈 환자라고 볼 수도 있습니다. 만약 이런 사람을 계속 외면한다면 그 사람의 병은 점점 더 심해질 것입니다. 자신과 아무 관련도 없는 사람에게 흉기를 휘두르거나 폭행했다는 뉴스를 들어 본 적이 있을 텐데요. 많은 사람들이 그런 소식을 접하면 '어떻게 저런 짓을 할 수가 있담'하고 놀라지만, 그 범죄자가 성장한 환경을 조사해 보면 참 불쌍하고 가엾은 사람이라는 걸 알 수 있습니다. 성장하면서 가족이나 친구와 정을 나누지 못했기 때문에 사람들에 대한 미움이 점점 커져 결국 끔찍한 사고로 이어지게 된 것입니다. 이처럼 사람은 아무리 맛있는 것을 먹고 좋은 집에서 산다 해도 가족이나 주변 사람들과 사랑과 우정을 주고받지 못한다면 온전히 살아갈 수 없는 존재이기도 합니다.

친구를 따돌리면 나에게 이익이 될까?

우리 주변에는 유난히 자기보다 약한 사람들을 괴롭히는 사람들이 있습니다. 자신보다 약하고 불쌍한 사람들을 괴롭히면서 그들은 행복을 느낄까요? 어쩌면 상대방을 괴롭히는 순간만큼은 자신이 힘도 세고 강하다는 기분을 느낄지도 모르겠습니다. 하지만 여기서 우리는 곰곰이 생각해 볼 필요가 있습니다. 나보다 가난하고, 덩치가 작고, 공부도 못하는 친구를 괴롭히면서 내가 그 친구보다 잘난 사람이라고 느낀다면, 나는 실제로도 힘이 세고 잘난 사람일까요? 물론 '나한테 까불고 덤비는 사람이 없으면 그만이지'라고 생각하는 친구도 있을 것입니다.

옛날에는 그런 사람들이 많았습니다. 악명 높은 독재자들이 한때는 영웅 행세를 하기도 했지요. 그렇지만 견디다 못한 사람들이 나서서 더 이상 힘세고 오만한 사람들이 다른 사람들을 괴롭히지 못하도록 법과 사회 규범을 만들었답니다. 강력한 힘을 가졌던 프랑스 왕 루이 14세도, 독일의 히틀러도, 조선 시대 왕인 연산군도 국민들을 무시하고 괴롭힌 결과 처참하게 죽었지요.

우리도 마찬가지입니다. 친구들에게 함부로 대하는 사람은 자신도 모르게 거친 성품을 가지게 되지요. 친구들이 겉으로는 그 사람을 겁내고 두려워하는 것 같아도 마음속으로는 미운 감정을 품고 있을 것입니다. 그런 일이 반복되다 보면 어느 순간 마음속에 쌓아 두었던 미움과 복수심이 폭발해, 평소 자신을 괴롭히던 친구에게 부상을 입히는 등 끔찍한 결과를 낳게 되지요. 결국 왕따가 되거나 괴롭힘을 당하는 사람만 피해를 보는 것이 아니라 남을 괴롭혔던 사람들 역시 평소에는 미처 생각하지 못했던 피해를 입을 수도 있습니다. 다른 사람을 괴롭히면서 얻는 즐거움은, 다른 사람을 도와주면서 얻는 즐거움에 비하면 매우 초라하고 볼품없는 것임을 기억해야 합니다. 내 주변에 나를 미워하고 나에게 복수하고 싶다고 생각하는 사람이 있다는 것만으로도 충분히 불행한 일이지요.

사람은 더불어 살아가는 존재

여러분은 부모님에게, 친구에게, 선생님에게 어떤 사람으로 대우 받고 싶은가요? 단순히 나를 예뻐해 주고, 맛있는 음식을 나누어 주고, 어려운 공부를 친절하게 가르쳐 주는 것 말고도, 이런 사람으로 비치고 싶고 대접 받고 싶다는 바람이 있을 것입니다. 예를 들어 같은 반 친구에게는 똑똑하고 무엇이든 잘하는 친구로, 같은 동네에 사는 어른들께는 상냥하고 인사 잘하는 아이로, 부모님에게는 착하고 성실하고 모범적인 자녀로, 선생님에게는 활발하고 리더십 있고 공부도 잘하는 학생으로 말이지요.

모든 사람들은 자신이 특별한 대우를 받기를 원합니다. 하지만 내가 특별한 대우를 받고 싶은 만큼, 상대방도 특별한 대우를 받고 싶은 것은 당연하지 않겠어요? 그러니 내가 먼저 상대방을 소중한 존재로 여기고 특별하게 대우해 준다면, 상대방도 나를 소중한 존재로 대해 주겠지요.

우리는 친한 친구와 말다툼을 해서 며칠만 연락을 하지 않아도 마음이 불편하고 기분이 좋지 않습니다. 그런데 그런 시간을 며칠이 아니라 몇 달, 몇 년을 겪게 된다면 얼마나 끔찍할까요? 여러분이 한 친구를 무시하고 따돌린다면, 여러분은 그 친구에게 끔찍한 고통을 선물하는 것입니다. 그 친구의 마음이 병들게 하는 죄를 짓게 되는 것이지요.

"그렇지만 그 애는 정말로 이상하다고요."

"말이 그렇지, 내가 좋아하지도 않는 사람한테 잘해 주는 게 어디 쉬운가요?"

이렇게 항변하는 친구들도 있을 테죠.

'친절이 친절을 낳는다'라는 말을 들어 봤나요? 친절도 유행처럼 전염되더군요. 다른 사람에게 친절한 사람들이 많아지면 따뜻한 분위기가 만들어져 자신도 모르게 그 분위기에 젖어들잖아요. 내 주변에 그런 '분위기 메이커'가 있다면 정말 천국이 따로 없겠죠?

함께하며 행복을 찾기

키 크는 데 관심이 많은 친구들은 맛없는 야채도 꾹 참고 먹고, 힘든 운동도 열심히 합니다. 여러분도 그런가요? 그런데 키를 키우기 위해 다양한 음식을 골고루 먹는 것처럼 우리 마음도 잘 자라게 할 필요가 있습니다. 우리의 마음이 자라는 데 참으로 중요한 것 중 하나가, 바로 주변 사람들과 어떤 관계를 맺으면서 살아가는가 하는 점입니다. 부모님과 사랑을 주고받고, 형제들과 사이좋게 지내고, 좋은 친구를 많이 사귀면서 서로 돕고 우정을 나누는 것이지요.

갓난아기는 엄마가 자신이 아닌 다른 아기를 안고 있거나 다른 아기에게만 우유를 주면 금세 울음을 터뜨리고 다른 아기를 괴롭힙니다. 이것은 사람뿐 아니라 동물도 마찬가지랍니다. 살아남기 위한 일종의 본능이지요. 하지만 이 세상은 우리만 살아가는 곳이 아니기에, 맛있는 음식이나 장난감을 다른 사람과 나누는 법을 배우게 됩니다. 내가 가진 것을 상대방에게 나누어 주고, 또 상대방의 것을 얻는 경험을 거듭하면서 '함께 살아가는 법'을 익히지요.

다른 사람들과 함께하면서 즐거웠던 경험을 한번 떠올려 봅시다. 친구보다 좋은 성적을 받아 뿌듯했던 경험은 분명 행복한 기억입니다. 하지만 준비물을 깜빡했을 때 친구가 자기 것을 기꺼이 빌려 준 기억은, 좋은 성적을 받았을 때 못지않은 또 다른 기쁨입니다. 배가 몹시 고픈데 친구가 자기 용돈으로 떡볶이를 사 주었을 때, 몸이 너무 아픈데 친구가 내 가방을 대신 들어 주었을 때 그 친구가 얼마나 고마웠나요? 반대로, 내가 친구를 도와주었던 경험도 기억해 볼까요? 아, 그건 선생님이나 부모님한테 칭찬 좀 받아 보려고 했던 거라고요? 그래요. 칭찬을 받고 싶어서 착한 일을 할 수도 있지요.

하지만 어른이 된다는 건 꼭 남한테 잘 보이기 위해서가 아니라 나 스스로 옳은 일이 무엇인지 판단하여 행동할 수 있게 되는 게 아닐까요?

자, 여러분 주변에 왕따를 당하고 있는 친구, 점심시간에 혼자 밥을 먹고 수업을 마친 후 혼자 집으로 돌아가는 친구가 있나요? 내일 학교에 가면, 그 친구에게 어떤 말을 건넬지 이제 알겠지요? 진정한 용기가 필요한 때입니다.

생각해 보기

1 친구 때문에 행복하거나 힘들었던 적이 있나요? 있다면 어떤 경우였는지 이야기해 봅시다.

- 친구 덕분에 행복했던 경우
   나와 취향이 같았을 때
   나와 의견이 같았을 때
   나를 도와 주었을 때
   나의 좋은 일을 진심으로 축하해 주었을 때

- 친구 때문에 힘들었던 경우
   나에게 무관심할 때
   다른 사람들에게 내 흉을 볼 때
   나를 의심할 때
   나의 능력을 지나치게 낮게 평가할 때
   나에게 힘든 일을 미룰 때

2 여러분은 친구를 일부러 괴롭힌 적이 있나요? 있다면 왜 그랬는지 비밀 일기로 써 봅시다.

- 친구를 괴롭히는 일이 여러분에게 어떤 영향을 주나요?
- 다른 친구로부터 괴롭힘을 당하지 않기 위해 어쩔 수 없이 다른 친구를 괴롭혀야 한다고 생각하나요?

3 같은 반 친구들이 한 친구를 괴롭히는 것을 목격했습니다. 여러분은 어떻게 할 건가요?

① 못 본 척 한다.
② 반 친구들을 말린다.
③ 아무도 없을 때 괴롭힘을 당하는 친구를 위로해 준다.
④ 일단 선생님에게 말씀드린다.

- 왜 이 방법을 선택했는지 이야기해 봅시다.
- 네 가지 방법의 장점과 단점은 각각 무엇인지 이야기해 봅시다.

4 우리 사회에서 부당하게 괴롭힘을 당하거나 따돌림 당하는 사람들을 줄이기 위해 가장 좋은 방법은 무엇이라고 생각하는지 이야기해 봅시다.

5. 폼에 살고 폼에 죽고

내가 멋있다고 생각하는 것들은 어떤 것일까? 다른 사람이 멋을 낸 모습이 나에게는 불편했던 적은 언제였을까? 과도한 멋 내기가 다른 사람에게 피해를 준다고 할 수 있을까? 개성을 지키기 위해서는 유행을 따르는 것을 포기해야 할까?

엄마는 유행을 너무 몰라!

"어휴, 짜증 나. 입을 옷이 하나도 없어!"

세림이는 언니 하림이가 아침 일찍부터 투덜거리는 소리에 눈을 떴다. 일어나 보니 언니는 옷장에 걸려 있던 옷이란 옷은 죄다 꺼내 방바닥에 펼쳐 놓고 있었다.

"아니, 여기 널린 건 그럼 옷이 아니고 뭐야? 이건 다 휴지야?"

"시끄러!"

언니는 손에 들고 있던 원피스를 방바닥에 내팽개치며 세림이에게 눈을 흘겼다.

'옷이 이렇게 많은데 옷이 없다니, 도대체 언니의 옷 욕심은 언제쯤 끝나려나?'

세림이는 신경질적으로 옷장을 뒤지는 언니를 바라보다가 욕실로 갔다. 세수를 하고 거울을 들여다보니, 자기 얼굴인데도 오늘은 유난히 낯설게 느껴졌다.

'이상하다, 오늘은 내 얼굴이 내 얼굴이 아닌 것 같아.'

어젯밤에 언니와 라면을 끓여 먹은 탓인지, 오늘은 얼굴이 유난히 크고 눈도 부어 보인다. 세림이는 자기 얼굴이 마음에 들지 않아 거울을 볼 때마다 속이 상한다. 다른 친구들은 쌍꺼풀도 있고 콧대도 높다. 턱이 갸름해 얼굴이 작아 보이는 친구도 있고 연예인처럼 흰 피부를 가진 친구도 있다. 학교에도 학원에도, 자신처럼 둥글넓적한 얼굴에 쌍꺼풀 없이 가느다란 눈, 뭉툭한 코를 가진 친구들은 별로 없다. 가뜩이나 마음에 들지 않는 얼굴이 퉁퉁 붓기까지 했으니, 오늘따라 자기 얼굴이 더욱 못생긴 것 같다.

세수를 마치고 식탁 앞에 앉은 세림이는 젓가락을 깨작이다 말고 엄마에게 말했다.

"엄마, 나 이번 방학 때 쌍꺼풀 수술 시켜 주세요."

"뭐? 수술? 아니, 얘가 갑자기 무슨 소리야?"

"나는 쌍꺼풀도 없고 코도 납작하잖아요. 그러니까 사진발도 안 받고 남자애들도 얼굴 크다고 자꾸 놀리고……."

"네 얼굴이 뭐가 어때서? 복스럽고 귀엽기만 한데. 엄마 아빠가 물려 준 얼굴인데 '고맙습니다' 하고 살아야지."

"싫어요. 나도 연예인들처럼 눈도 크고 얼굴도 갸름했으면 좋겠단 말이에요. 우리 옆 반에도 작년에 쌍꺼풀 수술한 애가 있는데, 진짜 예뻐져서 남자애들한테 인기도 엄청 많아졌어요."

"눈 크고 갸름한 얼굴만 예쁜 얼굴이니? 동글동글 귀여운 얼굴도 예쁜 얼굴이지. 엄마는 네가 아빠 얼굴을 쏙 빼닮아서 얼마나 감사한데 수술이라니, 말도 안 되는 소리는 아예 하지도 마."

"그건 엄마 생각이죠! 엄마 눈에만 예쁘면 뭐해요? 정작 얼굴 주인인 내가 맘에 안 든다는데. 엄마보다 다른 사람들 눈에 예쁘게 보여야 진짜 예쁜 거죠."

"아유, 됐어. 얘가 아침부터 무슨 수술 타령을…… 아니, 하림아! 너 그게

"뭐니?"

세림이의 입을 막으려던 엄마가 마침 거실로 나온 하림이를 보고 깜짝 놀라며 소리를 질렀다.

"왜요? 이렇게 하니까 예쁘지 않아요?"

"예쁘다고? 네 눈엔 그게 지금 예쁘게 보이니? 다 큰 여자애가 옷 입은 꼴 하고는…… 어휴, 보기만 해도 정신이 없네. 속옷이 다 비치잖아! 그 머리는 언제 또 염색한 거야? 하려면 제대로나 하지, 여기는 보라색, 저기는 노란색…… 얼른 들어가서 제대로 갈아입고 와!"

"아이 참, 엄만 왜 이렇게 유행을 몰라요? 이건 염색한 것이 아니라 부분 가발이에요. 입을 게 하나도 없어서 그나

마 액세서리랑 소품으로 겨우 맞춰 입은 건데. 엄마야말로 안목을 좀 키우세요. 저 오늘 저녁 먹고 들어올 거예요."

하림이는 엄마의 잔소리가 이어질까 도망치듯 후다닥 나가 버렸다. 엄마는 어이가 없다는 표정으로 소파에 털썩 앉으시더니, 연신 부채질을 하신다.

"어휴, 딸 둘 키우기가 이렇게 힘들어서야. 이건 딸이 아니라 원수야, 원수. 세림아, 밥 다 먹었으면 얼른 들어가서 방 정리 좀 해."

자신에게도 불똥이 튈까 봐 잽싸게 방으로 들어가니, 언니 옷이 어지럽게 널려 있고 책상 위에는 매니큐어와 귀걸이, 목걸이가 여기저기 놓여 있다. 세림이는 언니의 남색 매니큐어를 바르느라 엄마가 방 안에 들어오신 것도 눈치 채지 못했다.

"세림아!"

"아, 깜짝이야! 엄마 때문에 망쳤잖아요. 아휴, 이게 뭐야~"

"방 정리부터 해 놓고 다른 일을 해야 할 거 아니니! 방이 이게 뭐니? 얼른 치워."

"언니가 어질러 놓은 건데 왜 나한테 치우라고 해요. 저녁에 언니 들어오면 치우라고 하세요."

"그럼 저녁까지 이 방을 그대로 두라고? 네가 지금 매니큐어 바르고 있을 때니? 몇 살이나 됐다고 벌써부터 손톱 발톱에 매니큐어야? 조금 있으면 학원 갈 시간인데, 예습은 다 했니? 자기가 할 일부터 먼저 해야 할 거 아냐. 아니, 근데 이 책은 뭐야?"

방 안 여기저기 널린 물건들을 정리하던 엄마가 이번에는 책꽂이에서 책 한 권을 발견하고 화들짝 놀라셨다.

"친구한테 빌린 거예요. 요새 제일 인기 있는 잡지인데, 왜요?"

엄마의 표정이 일그러지는 것을 본 세림이가 조심스레 말했다.

"그래, 이런 책도 가끔 볼 수는 있지. 그런데 이런 잡지에는 연예인, 화장품, 옷, 액세서리에 관한 이야기만 나오지 않니? 그러니까 네가 매니큐어를 바르고 성형수술 하는 데만 정신이 팔려 있지. 하라는 공부는 안 하고 머릿속에 쓸데없는 생각만 가득하니, 원……."

"사람이 멋도 내고 예뻐지고 싶은 건 본능 아니에요? 그게 그렇게 쓸데없는 행동이에요?"

"멋? 넌 지금 네 손톱이 멋있다고 생각하니? 엄마 눈에는 징그럽기만 한데. 남들 눈에 멋있게 보여야 멋있는 거라며? 엄마 눈에는 하나도 안 예쁘니 그 멋은 실패한 거구나."

"어휴, 엄만 몰라도 한참 몰라. 요즘은 이 색이 유행이란 말이에요. 손톱이 진해야 손이 더 희고 깨끗하게 보여요."

"아니, 깨끗하긴 뭐가 깨끗하니? 내 눈에는 꼭 멍든 것 같은데. 멋을 내도 상대방에게 기분 좋은 느낌을 줘야지, 보는 사람 얼굴 찡그리게 만들고 기분 나쁘게 하면 그게 멋이니? 공해지."

"어휴, 하여튼 엄마하고는 말이 안 통해."

"유행만 따르면 그게 다 멋있는 거니? 난 유행이라고 무조건 따르는 사람들 보면 알맹이 없는 빈 깡통 같더라. 연예인이 입었다고 그 옷이 갑자기 유행하는 건, 옷이 예뻐서가 아니라 그 배우를 따라 하고 싶기 때문이지. 그건 진짜 멋 낼 줄 모르는 사람들이 껍데기만 따라 하는 것에 불과해. 큰애, 작은 애 할 것 없이 전부 겉멋만 들어서 큰일이야, 큰일. 쌍꺼풀 수술 얘기는 앞으로 꺼내지도 마. 세상 사람들이 전부 쌍꺼풀 있고 콧대 높고 턱 갸름하면, 그게 뭐가 예쁘니? 죄다 똑같이 생겨가지고."

"엄마가 뭐라 하셔도 저는 지금 제 손톱 색깔이 멋있어 보여요. 그리고 제가 못생긴 건 세상 사람들 모두가 인정한다고요."

 들여다보기

멋이란 무엇일까?

'멋 내기'

우리가 관심을 아주 많이 가지는 주제입니다. 친구들 사이에서 단골 주제가 되기도 하지요. 여러분은 멋을 낼 때 어떤 것에 가장 신경을 쓰나요? 머리, 옷, 신발, 가방, 핸드폰 등 사람마다 다르겠지만, 다른 사람들에게 멋있고 예쁘게 보이고 싶은 마음은 모든 사람들의 공통점일 것입니다.

그러니 이 장에서는 '멋을 낸다'라는 것이 무엇인지, 우리는 나의 만족을 위해서 멋을 내는지 아니면 상대방의 시선 때문에 멋을 내는지에 대해 생각해 보겠습니다.

우선 앞에서 읽은 이야기를 떠올려 볼까요? 하림이는 나름대로 신경 써서 멋을 냈는데 어머니는 몹시 못마땅하게 여기시네요. 세림이는 얼굴도 더 예뻐지고 싶고 손톱에 매니큐어를 칠하면 손도 더 예뻐 보인다고 생각하는데, 어머니는 보기 싫다고 하시지요. 두 사람 모두 멋을 부리면 다른 사람들이 훨씬 좋게 본다고 생각하는데 어머니는 그걸 이해하지 못하시니, 무척 속이 상하겠어요.

이처럼 같은 모습을 보고도 어떤 사람은 멋있다고 생각하는 반면 어떤 사람은 보기 싫다고 외면합니다. 나는 한껏 멋을 부려도 부모님 눈에는 이상하게 보일 수 있는 것처럼 말이지요. 여기서 우리가 생각할 수 있는 점은, 멋이란 있는 그대로의 사실이 아니라 사람들의 시각에 따라 달라질 수 있다는 점입니다.

우리는 누구를 위해 멋을 낼까?

이제, 여기서 우리는 두 가지를 생각할 수 있습니다.

첫 번째 의문은, 우리가 멋을 내는 행동은 자신을 위한 행동일까, 아니면 다른 사람과 관련된 행동일까 하는 것입니다.

만약 다른 사람과의 관계보다 나 자신의 만족을 위해 멋을 부린다면, 그때 발휘하는 멋 내기는 개성의 표현이라고 할 수 있겠지요. 반면 멋을 낸다는 것은 다른 사람의 눈에 어떻게 비칠까를 염두에 둔 행동이라고 생각한다면, 이 경우는 유행 따르기에 가깝다고 할 수 있습니다. 물론 개성을 발휘하는 데에도 유행이 어느 정도 영향을 미치고, 또 몇몇 유명인이나 연예인의 개성이 유행이 되기도 하니, 개성과 유행은 서로 다르지만 그만큼 서로 밀접한 영향을 주고받는 관계임이 틀림없습니다.

개성과 유행의 관계에 대해 조금 더 생각해 봅시다. 유행이란 많은 사람들이 좋아하고 따르는 현상을 말합니다. 그런데 유행은 어떻게 생기나요? 유행을 좇는 사람들이 있다면 유행을 창조하는 사람도 있겠지요. 새로운 유행을 만들어 내는 사람은 다른 사람들이 지금까지 시도하지 않았던 자신만의 독특한 아이디어로 멋을 고안해 냅니다. 그러니 그 사람의 가장 독창적인 개성이 발휘되겠지요. 이렇게 나온 아이디어를 많은 사람들이 좋아하고 따라 하면 새로운 유행이 탄생하는 것입니다. 개성과 유행은 서로 반대인 것 같아도 이렇게 밀접한 관련을 맺고 있네요. 여러분은 유행을 따라 하는 사람이 되고 싶은가요, 아니면 창조하는 사람이 되고 싶은가요?

나의 멋 내기가 다른 사람에게 영향을 줄 수 있을까?

두 번째로 생각할 문제는, 내가 멋을 내는 행동이 다른 사람에게 과연 피해를 줄 수 있을까 하는 점입니다.

나는 내 개성을 내 방식대로 표현한 것뿐인데 왜 그것이 다른 사람에게 피해를 주느냐고 주장하는 사람들이 있습니다. 물론 그 말도 사실입니다. 하지만 우리가 멋을 낼 때 다른 사람들은 전혀 신경 쓰지 않고 오직 자신의 만족만을 위해 멋을 내지는 않습니다. 여러분도 다른 사람들을 볼 때 그 사람의 옷차림이나 신발, 머리 모양 등을 주의 깊게 관찰하는 경우가 많으니까요. 만약 어떤 사람이 자기 나름대로 신경을 써서 옷을 차려 입고 왔는데 옷차림이 너무 특이하거나 머리 모양이 아주 기발하다면, 여러분은 눈살을 찌푸릴 수도 있고 수군거릴 수도 있고 재미있다고 생각할 수도 있습니다. 이때 흉을 보거나 수군거리는 사람들은 다른 사람의 개성을 존중하는 아량이 부족한 사람들일까요? 아니면 그렇게 멋을 낸 사람들이 다른 사람들을 배려하지 않는 이기적인 사람들일까요? 누군가의 멋 내기가 다른 사람들에게 구체적으로 어떤 피해를 줄 수 있을까요?

또 다른 멋의 세계

우리는 왜 옷차림이나 외모에 관심을 갖게 될까요? 외모를 꾸미는 데 관심이 적은 사람들은 그렇지 않은 사람들과 어떤 점이 다를까요?

여러분 주변에도 옷이나 신발 등에 유난히 관심이 많은 친구가 있는가 하면 그렇지 않은 친구들도 있습니다. 친구들에게 다음과 같은 질문을 던져 봅시다.

- 너는 외모에 얼마나 관심이 있니?
- 외모가 얼마나 중요하다고 생각하니? 그렇게 생각하는 이유는 무엇 때문이니?
- 요즘 네가 가장 관심 있는 것은 무엇이니?

사람마다 자기가 가장 중요하게 생각하는 것이 다릅니다. 어떤 사람들은 옷에 관심이 많은 반면, 외국어를 유창하게 하는 데 몰두하는 사람도 있습니다. 공부가 아니어도 자신이 가진 재능에 따라 악기, 요리, 무용 등 자신의 소질을 개발하는 데 집중하는 사람도 있지요. 자기 분야에서 세계 최고라는 찬사를 듣는 사람들은 아마도 이 부류에 속할 것입니다.

자기 자신보다는 산이나 바다, 유적지 등 자연이나 건축물을 통해 멋과 아름다움을 찾으려는 사람들도 있습니다. 이들은 자연을 통해 아름다움을 느끼면서, 이러한 아름다움을 추구하는 것이 자신을 진정으로 아름답게 만드는 일이라고 생각하기도 합니다.

주변에 있는 어려운 이웃들을 보살피는 일을 가장 중요하게 여기는 사람들 중에는 옷이나 신발, 액세서리 등에 관심이 없는 경우가 있습니다. 멋진 옷을 입고 화려한 액세서리를 하는 것을 낭비라고 생각해서 신부님, 수녀님, 스님들은 언제나 같은 옷차림을 하고 있지요. 이런 분들은 외모를 가꾸지 않는 것이 아니라 자신만의 방식으로 외모를 가꾸고 있는 게 아닐까요? 마음과 삶에서 우러나오는 멋을 추구하는 것이지요.

물론 이것은 어른들에게도, 여러분에게도 쉬운 일은 아닙니다. 하지만 평범한 사람들 중에도 이렇게 살아가는 분들이 있습니다. 텔레비전이나 신문에서 이런 분들의 이야기를 종종 접하게 되지요. 부자가 아닌데도 힘들게 모은 많은 돈을 기꺼이 어려운 이웃들을 위해 기부하거나, 주말에 즐거운 시간을 보내는 대신 혼자 사는 할머니, 할아버지들을 찾아가는 사람들도 많습니다.

내가 가지고 싶은 것, 먹고 싶은 것, 입고 싶은 것, 하고 싶은 것을 하는 대신 다른 사람을 돌보는 일을 따라 하기란 쉽지 않습니다. 그런데 그런 일을 계속하면 자신도 모르는 사이에 남을 돕는 진정한 기쁨을 알게 된다고 하더군요.

얼굴, 몸매, 옷, 신발, 머리 모양을 꾸미는 데 남들보다 많은 신경을 쓰고 있다면, 여러분의 마음을 한번 들여다보았으면 좋겠습니다. 나는 무엇 때문에 외모를 꾸미는 데 관심이 많은 것인지 말이에요.

다음에 생각해 볼 점은, 우리가 멋있다고 여기는 모습이 나 스스로 생각해서 내린 판단인가, 아니면 다른 사람들의 생각을 따라 한 것인가 하는 점입니다. 처음 보는 모습에서 멋을 발견했다면 나의 판단력이 잘 작용한 것 같습니다. 그런데 다른 사람들이 좋아하니까 나도 좋게 생각하는 거라면 나는 다른 사람들로부터 영향을 받았다고 볼 수 있습니다. 그렇다면 유행이 변할 때마다 내가 멋있다고 생각하는 모습도 자꾸만 바뀌게 되겠지요.

몇 백 년 전에는 초승달처럼 둥글고 가느다란 눈과 앵두처럼 조그만 입을 예쁘고 아름답다고 했는데 요즘엔 짙은 눈썹과 시원스럽게 커다란 눈, 약간은 두툼한 입술을 예쁘다고 합니다. 또 예전에는 칠흑처럼 새까만 머리카락을 부러워했으나 요즘은 검은 머리를 갈색이나 노란 색으로 염색하며 자신의 멋을 가꾸는 사람도 있습니다. 또 몇 십 년 전에는 폭이 넓은 바지를 입어야 멋쟁이라고 여겼고 청바지는 공장에서 일을 할 때 작업복으로 입었지만, 요즘은 멋을 내기 위해 몸에 딱 붙는 청바지를 입곤 합니다.

이러한 멋의 변화는 시간이 흐르면서 달라지기도 하지만 지역에 따라 다르기도 합니다. 아시아 사람들이 멋있다고 생각하는 모습과 남아메리카 사람들이나 아프리카 사람들이 멋있다고 생각하는 모습은 다르니까요. 어떤 나라 사람들은 배가 나오고 살이 쪄야 아름답다고 여기고, 아프리카의 어떤 종족은 목을 길게 늘이기 위해 목에 링목걸이를 여러 개 걸기도 하고, 또 어떤 종족은 아랫입술을 크게 부불리기 위해 입술에 장신구를 달기도 합니다. 이처럼 사람들이 추구하는 멋은 세월이 흐르면서, 또는 지역에 따라 끊임없이 변화됩니다.

그런데, 우리 주변에는 항상 변화하는 멋만 있는 것이 아니랍니다. 시간이 지나도 사람들이 언제나 아름답다고 여기는 멋은 없는지 찾아봅시다. 무섭게 쏟아지던 소나기가 그치고 하늘 저편에 뜬 무지개를 발견했을 때, 밤새 내린 눈으로 온 세상에 하얗게 덮여 있는 눈꽃을 볼 때, 커다란 바위 절벽이 만들어 낸 기묘한 모습을 볼 때……. 이러한 아름다움은 예나 지금이나 사람들에게 깊은 인상을 남기고 있답니다.

# 생각해 보기

1 여러분은 어떤 경우에 외모에 관심을 가지게 되나요?

- 옷이나 신발, 액세서리 때문에 부모님과 갈등을 빚은 적이 있나요? 있다면 언제였는지 이야기해 봅시다.
- 옷차림이나 머리 모양이 마음에 안 든다고 부모님에게 야단을 맞거나 친구들에게 핀잔을 받은 적이 있는지, 있다면 그때 기분이 어땠는지 이야기해 봅시다.
- 나는 외모 중에서도 어떤 부분에 특히 관심이 많은지 이야기해 봅시다.
- 여러분은 옷이나 신발을 구입할 때 내 마음에 드는 것을 구입하나요, 아니면 다른 사람들이 예쁘다고 하는 것을 구입하나요? 그 이유를 이야기해 봅시다.

2 아래 보기 중 여러분이 생각하기에 정당하다고 생각하는 것에는 동그라미를, 그렇지 않다고 생각하는 것에는 가위표를 하고, 그렇게 생각한 이유를 이야기해 봅시다.

- 매일 똑같은 옷을 입고 다니는 것 ( )
- 남자가 치마를 입는 것 ( )
- 여학생이 삭발을 하는 것 ( )
- 핫팬츠나 미니스커트를 입는 것 ( )

- 찢어진 옷을 입고 다니는 것 ( )
- 성인 여성이 화장을 전혀 하지 않는 것 ( )
- 여름에 겨울옷을 입고, 겨울에 여름옷을 입는 것 ( )
- 드레스를 입고 수학여행을 가는 것 ( )
- 초등학생이 짙은 화장을 하고 학원에 가는 것 ( )
- 손톱을 길러서 매니큐어를 바르는 것 ( )
- 남자가 화장을 하는 것 ( )

3 여러분은 누구를 위해 외모를 가꾸나요?

- 내 마음에 들지 않아도 다른 사람들이 예쁘다고 해서 물건을 구입한 경험이 있나요?
- 다른 사람의 옷차림이나 머리 모양에 대해 자주 이야기하나요?
- 별로 예쁘지 않아도 내가 좋아하는 연예인이 입은 옷이어서 그것을 구입한 적이 있나요?
- 유행에 상관없이 여러분이 좋아하는 것에는 어떤 것들이 있나요?

6. 나의 독립 만세!

독립을 하기 위해서는 어떤 조건을 갖추어야 할까? 나의 독립 여부를 결정할 수 있는 사람은 누구일까? 어린이와 청소년은 왜 어른들의 보호가 필요할까? 독립할 능력을 갖추기 위해 우리는 어떤 준비를 해야 할까?

내 인생에 간섭하지 마!

"박진우! 너 텔레비전 앞에 앉은 지가 벌써 몇 시간째야? 숙제 다 했어!"

저녁 설거지를 하느라 부엌에서 바쁘게 일하시던 엄마가 참다못해 진우를 다그치신다. 소파에 비스듬히 누워 텔레비전을 보는 진우는, 엄마의 잔소리에도 화면에서 눈을 떼지 못한다.

"진우야, 엄마 말 안 들려! 이제 그만 보고 빨리 들어가서 숙제해!"

"네네."

"말로만 '네' 하지 말고 빨리 움직이지 못해!"

엄마는 결국 거실까지 나와 고무장갑을 낀 손으로 텔레비전을 끄셨다.

"아, 정말! 10분만 있으면 끝난단 말이에요."

"10분만, 10분만 하면서 지금까지 논 게 몇 시간이야! 다른 애들은 학원 다니고 싶다고 먼저 엄마를 조른다던데, 너는 걱정도 안 되니? 네 스스로 공부하겠다고 해서 엄마가 널 믿고 학원을 줄여 줬으면 너도 공부하는 모습을 보여……."

'쾅!'

진우는 엄마 말이 채 끝나기도 전에 방문을 소리 나게 닫고 들어가 책상 앞에 앉았다. 하지만 책이 눈에 들어올 리가 없었다. 이번에는 침대 위에 벌러덩 드러누웠다.

'그것만 보고 진짜 공부하려고 했는데 그 10분을 못 참고…… 엄만 내 인생에 도움이 안 돼.'

"악!"

베개에 얼굴을 묻은 채 소리를 지르니 한결 후련하다. 요즘 들어 엄마 잔소리가 더 심해진 것이 진우는 불만이다. 내가 얼마나 괴로운지 엄마는 알까? 오늘은 아빠도 늦게 오시기 때문에 아빠에게 기댈 수도 없다. 내 일은 내가 다 알아서 할 텐데 왜 만날 이거 해라, 저거 해라 간섭만 하는 거야?

'달칵달칵'

"진우야. 너 문 잠그고 뭐해?"

"왜요?"

"공부하고 있으면 엄마가 좀 있다 간식 줄게. 열심히 해."

'공부 안하면 간식도 안 준다는 거야? 나는 뭐 밥만 먹고 공부만 하는 기계인가?'

하지만 목구멍까지 올라온 말을 꿀꺽 삼키고 말았다. 잘못 꺼냈다간 또 엄마의 잔소리가 미사일처럼 쏟아질 테니까.

'나도 자유롭게 살 권리가 있다고! 나도 벌써 열세 살이고 내년이면 중학생이란 말이야.'

위인전을 읽어도 그 사람들이 모두 어렸을 때 책만 읽으면서 성공한 것은 아니었다. 에디슨도, 뉴턴도, 슈바이처도 공부만 열심히 하는 것이 아니라 다양한 실험과 모험을 하면서 몸소 부딪히며 배우는 것이 많았다. 물론 책도 많이 읽었고. 하지만 그 사람들이 읽은 책은 학교에서 읽으라고 주는 따분한 책이 아니었다. 그런데 어른들은 그걸 모른다. 컴퓨터 앞에 잠시만 앉아 있어도

수학 문제집은 다 풀었느냐, 영어 단어는 몇 개나 외웠느냐, 그런 것만 물어보신다. 아, 더 이상 못 잠겠다. 뭔가 대책을 세워야 한다.

진우는 벌떡 일어나 책상 앞에 앉은 다음, 공책과 연필을 꺼냈다.

우선 공책 가장 윗부분에 '독립 계획'이라고 썼다. 지금까지 진우는 미리 계획을 세워서 뭔가를 한 적이 없었다. 그저 할 일이 생각나면 그때그때 하는 식이었다. 그렇지만 이제 내 인생은 나 스스로 꾸려야 하니, 대충 할 수가 없었다.

'우선, 혼자 살려면 모든 것을 나 스스로 해결해야 하니까 기본적인 것은 챙겨서 나가야 해. 일단 통장부터 챙기고, 다른 동네에 가서 아르바이트를 해야겠다. 편의점이나 주유소 같은 데서 일하면 될 거야. 나는 키가 크니까 두 살 정도는 속일 수 있겠지. 그런데 편의점은 가게 안에만 있어야 하니까 좀 답답할 것 같아. 그래, 배달 아르바이트가 낫겠다. 오토바이도 탈 수 있고. 일단 짐을 챙겨서 새벽에 떠나자.'

진우는 옷 몇 벌과 통장, 가장 좋아하는 게임기, 야구 글러브와 야구공을 챙긴 다음, 시계를 새벽 네 시에 맞추고 자리에 누웠다.

'내가 없어진 걸 알면 엄마는 뭐라고 하실까? 그동안 잔소리만 했던 걸 미

안하게 생각하겠지? 아빠는 아마 엄청나게 화를 내실 거야. 경찰에 신고해서 현상 수배를 하면 어쩌지? 경찰이 나를 찾으면 더 심하게 혼이 날 텐데……. 아, 모르겠다. 일단 빨리 자자. 새벽에 일어나려면 빨리 자야 해.'

'따르륵'

새벽 네 시.

알람이 울리자마자 진우는 번개처럼 일어나 시계를 끄고 옷을 입었다. 가방을 메고 방문을 열기 전, 마지막으로 방 안을 한 바퀴 둘러보았다.

'안녕, 내 방아! 그동안 즐거웠어. 나중에 돌아올게. 엄마 아빠 보란 듯이 멋있게 성공하면 그때 만나자.'

엄마 아빠가 깨지 않게 살금살금 집 밖으로 나오는 데 성공한 진우. 골목길을 빠져나와 큰길을 걷다 보니 하늘 저 멀리서 서서히 해가 뜨는 것이 보였다. 텔레비전에서만 보던 동 트는 장면을, 진우도 드디어 본 것이다.

'그래, 내 인생은 지금부터 시작이야.'

하지만 의기양양하게 집을 나섰건만, 어디로 가야 할지 몰랐다.

'몇 번 버스를 타지? 그냥 제일 먼저 오는 버스를 탈까? 그럼 어디서 내리지? 음…… 에이, 일단 종점까지 가자.'

마침 버스 한 대가 도착하자 냉큼 올라탔다. 그런데 차비를 내려고 주머니에 손을 넣는 순간 진우는 사색이 되었다. 통장을 챙기면서 정작 지갑과 돈은 집에 두고 온 것이다.

"아저씨, 저…… 차비가…… 없는데……."

"뭐? 아니, 이 녀석이 차비도 없이 버스는 왜 타? 그것도 이 새벽에 혼자서? 가만, 너 지금 어디 가는 거냐?"

"네? 아, 그게……."

"어린 것이 이 꼭두새벽부터 혼자서 어딜 가느냐고? 이 녀석, 좀 수상한데? 다음 정거장에서 내려 줄 테니 빨리 집에 가!"

기사 아저씨는 다음 정거장에 진우를 내려 주고 가 버렸다. 이젠 어디로 가야 하지? 그 자리에서 어쩔 줄 몰라 하는데 멀리서 어떤 아저씨가 정류장 쪽으로 걸어오는 것이 보였다.

'그래, 일단 저 아저씨에게 차비를 빌리자.'

그런데 아저씨를 향해 다가가던 진우의 얼굴이 조금씩 일그러졌다. 왠지

낯이 익은 얼굴인데…… 헉, 아빠!

"응? 아니, 진우야! 네가 이 새벽에 여기까지 어떻게 왔어? 응? 배낭까지 메고? 이 녀석 봐라, 너도 운동하러 온 거야? 이야~ 우리 진우, 대단한데!"

"아…… 네, 아빠…… 저도 아빠가…… 왜 아직 안 나오시나…… 했어요."

 들여다보기

진정한 자유로움이란?

여러분도 부모님의 간섭에서 벗어나 혼자 살고 싶다고 생각해 본 적이 있겠지요? 부모님의 공부하라는 소리가 듣기 싫을 때, 내 친구들을 마음에 들지 않는다고 하실 때, 하기 싫은 일을 억지로 시키실 때, 용돈을 조금만 주실 때, 조금만 늦게 들어와도 잔소리를 하실 때, 형이나 언니와 싸울 때, 부모님이 동생 편만 들 때……. 집을 나가 혼자 살고 싶은 마음은 얼마든지 느낄 수 있답니다. 그 이유는 분명 아무에게도 간섭받지 않고 '자유롭게 살고 싶은 마음' 때문이겠지요? 그렇다면 과연 자유로운 생활이란 무엇일까요? 여러분이 생각하는 자유로운 생활은 어떤 생활인가요?

내가 자유롭지 못하다고 느낄 때

여러분도 진우처럼 보고 싶은 텔레비전 프로그램을 못 보거나, 가기 싫은 자리에 억지로 가야 하면 '자유롭지 못하다'고 느낄 것입니다. 그런데 어른들은 여러분이 싫어한다는 것을 알면서도 왜 여러분이 자유롭게 행동하도록 허락하지 않는 것일까요? 이 질문에 답하기 위해서는 과연 자유란 무엇인지를 알 필요가 있습니다.

여러분은 '자유'란 무엇이라고 생각하나요? 또, 지금 여러분에게 가장 필요한 자유는 어떤 자유라고 생각하나요?

'자유란 하고 싶은 대로 마음껏 할 수 있는 것'이라는 답이 들리는 것 같네요. 컴퓨터 게임을 하고 싶을 때 하고 싶은 만큼 할 수 있는 자유, 사고 싶은 것을 마음대로 살 수 있는 자유, 가고 싶은 곳을 마음대로 갈 수 있는 자유……. 물론 그것도 자유입니다.

그런데 칸트라는 유명한 철학자는 '하고 싶은 대로 하는 사람이야말로 자유롭지 못한 사람이다'라고 말했답니다. 도대체 이 말이 무슨 뜻일까요? 칸트는 '무언가를 하고 싶다'는 욕망은 사람에게만 있는 것이 아니라 동물들도 지니고 있다고 했습니다. 즉, 무언가를 하고 싶다고 그것을 모두 하게 되면 그 사람은 욕망의 노예가 되는 것이라는 뜻입니다. 무언가의 노예가 되는 사람이 자유로울 수는 없겠지요?

그렇다면 칸트가 생각한 자유로운 사람이란 과연 어떤 사람일까요? 칸트는 스스로 어떤 목표를 세우고 그 목표에 따라 '무엇을 해야 하고 무엇을 하지 말아야 하는지' 결정해서 자신이 할 일을 스스로 실행하는 사람이 진정 자유로운 사람이라고 풀이했습니다.

그런데 이때 세우는 목표에는 자신의 욕심이나 이익을 채울 수 있는 것이 포함되어서는 안 된다고 했습니다. 자기가 먹고 싶고, 놀고 싶고, 가지고 싶어서 어떤 일을 한다면, 그것 또한 자기 감정과 욕심의 노예가 되는 행동이라는 것이 칸트의 주장이지요. 또 이런 행동은 동물도 할 수 있기 때문에, 칸트는 이것을 자유로운 상태로 보지 않았습니다. 칸트의 이러한 주장에는 자유는 사람만이 누릴 수 있는 높은 수준이라는 전제 조건이 깔려 있습니다.

예를 들어 봅시다. 배가 몹시 고픈데 옆에 있는 사람이 맛있는 빵을 먹고 있습니다. 동물이라면 옆 사람을 해쳐서라도 그 빵을 먹을 것입니다. 하지만 사람은 입 안에 침이 고이고 배고픔을 더욱 심하게 느끼더라도 저 빵은 나의 것이 아니기 때문에 먹어서는 안 된다는 생각을 하게 됩니다. 사람이라면 누구나, 아무리 배가 고파도 남의 음식을 먹는 행동이 잘못되고 창피한 행동이라는 것을 알기 때문이지요. 즉, 사람은 자신의 상황을 생각해서 욕망을 참고 이겨 낼 수 있는 능력을 갖춘 존재라는 것입니다.

칸트 외에도 이와 같은 설명을 한 학자들은 또 있습니다. 퇴계 이황과 율곡 이이를 비롯한 우리나라의 훌륭한 학자들도 '자기 자신을 이기는 것'을 사람이 갖추어야 할 으뜸 덕목으로 손꼽으며 제자들을 가르치고, 자신들도 그런 삶을 살았지요.

'자기 자신을 이긴다'는 것은, 자신이 지닌 욕망을 잘 다스린다는 뜻입니다. 내가 바라고 계획하는 일을 해내기 위해 지금 원하는 욕망을 참는 사람, 스스로 계획을 세우고 그 계획에 따라 자기를 조절하는 사람이 진정 자유로운 사람이라고 한 것입니다.

나의 자유는 나의 문제?

하지만 모든 철학자들이 칸트나 퇴계 이황, 율곡 이이와 같은 생각을 한 것은 아니랍니다.

어떤 철학자들은 '사람의 도리'라는 것이 과연 개인의 자유를 실현하는 데 도움이 되는지 의혹을 제기하며, 새로운 자유를 이야기했지요. 이들은, 어떤 목표가 아주 훌륭해도 우리가 그것을 받아들여 그 목표에 자신의 생활을 맞춘다면 그것은 나의 자유라고 할 수 없다고 주장했습니다. 내가 처한 상황은 오직 나만이 알 수 있으며, 내가 어떻게 살아갈 것인가도 오로지 나 스스로 정해야 한다는 것이 이들의 주장입니다. 진우가 집을 나가고 싶은 충동을 느낀 것은, 다른 사람이 시키는 일만 수동적으로 해야 하는 상황이 답답하다고 느꼈기 때문입니다. 이제는 자기 일을 스스로 할 수 있는데도 엄마가 자꾸 이래라저래라 잔소리를 하시니 거기에서 짜증을 느낀 것이지요. 진우 이야기를 읽으면서 여러분도 많이 공감했을 것이라는 생각이 드네요.

그런데 만약 진우가 지갑을 잘 챙겨서 버스에서 도중에 내리지 않았다면, 진우는 가출에 성공했을까요? 진우는 집을 나서는 순간부터 어디로 가야 할지, 무엇을 해야 할지 모든 일을 자기가 결정해야 합니다. 자기가 내린 결정이 앞으로 어떻게 될지, 또 앞으로 어떤 문제가 발생할지도 모르는 상황에서도 말이지요. 이 새로운 세상은 무엇이든지 자기 마음대로 할 수 있는 반면에, 한편으로는 어떤 일과 만날지 몰라 두려운 곳이기도 합니다. 이런 세상에 아직 어린 여러분이 갑자기 나가게 된다면 어떻게 될까요? 진우가 미처 깨닫지 못한 점은 무엇일까요?

자유를 누릴 수 있는 자격이란?

여러분이 자기 인생에 책임을 지며 살아가기 위해서는, 그 전에 연습을 해야겠지요? 부모님이나 선생님들은 우리가 바라는 꿈이나 계획을 이루기 위해 지금 해야 하는 일과 해서는 안 되는 일들을 구분하고, 계획을 잘 실천할 수 있도록 필요한 것들을 챙겨 주거나 조언해 주십니다. 그러니 이제부터는 어른들이 하시는 말씀을 조금은 다른 방향으로 생각해 보는 것이 어떨까요? 나를 구속하고 얽매이게 하는 것이 아니라 내가 내 욕심을 조절하지 못할 때 이것을 잘 다스릴 수 있도록 나를 도와주는 '신호'라고 말이지요. 어른들에게 여러분의 솔직한 생각을 말씀드리고 '이런 잔소리는 정말 싫으니 하지 말아 달라'고 부탁하면, 아마 어른들도 여러분의 생각을 이해해 주시지 않을까요?

1 여러분이 생각하는 진정한 자유란 무엇인가요?

　－지금 여러분에게 가장 필요한 자유는 무엇이고, 그렇게 생각한 이유는 무엇인지 이야기해 봅시다.
　－지금 여러분이 누릴 수 없는 자유에는 어떤 것들이 있는지, 그렇게 생각한 이유는 무엇인지 이야기해 봅시다.

2 다음 중 어느 쪽이 여러분에게 이익이라고 생각하나요? 여러분이 생각하는 이익이란 어떤 것인지 이야기해 봅시다.

　① 내가 하고 싶은 대로 생활하는 것
　② 어른들이 내 생활을 간섭하고 통제하는 것

3 주변에 부모님 없이 혼자 생활하는 친구들이 있거나 그런 친구들의 이야기를 들어 본 적이 있나요? 그 친구들이 여러분에 비해 자유로운 점은 무엇이고 불편한 점은 무엇인지 이야기해 봅시다.

4 어린이와 어른을 구분하는 방법에는 어떤 것들이 있을까요? 아래 보기에서 골라, 그렇게 생각한 이유를 이야기해 봅시다.

나이　키와 몸무게　힘의 세기　지능　자신감　참을성
계산　능력　주름살　학력　결혼　돈을 벌 수 있는 능력

5 어른이 되기 위해 여러분이 지금부터 준비해야 하는 것에는 무엇이 있는지 이야기해 봅시다.

6 여러분은 언제부터 스스로 모든 것을 결정하고 혼자 힘으로 살아가고 싶은가요? 그리고 그 시기는 누가 정하는 것일까요?

7. 죽음을 준비하는 삶

내일 지구가 멸망한다면 그동안 살아온 나의 삶에 만족할 수 있을까? 지금까지 있었던 일들 중에서 가장 후회되는 일은 무엇일까? 사람들은 어떠한 삶을 살아가는 사람을 가장 부러워할까?

죽음을 체험한 후

"야, 성민아. 오랜만이다. 뭐하고 지냈어?"

개학날, 오랜만에 만난 친구들이 방학 동안의 소식을 묻느라 교실이 왁자지껄하다. 정훈이도 가장 친한 친구 성민이와 준호를 보자마자 부리나케 달려가 반갑게 인사했다.

"앗, 정훈아! 나 너한테만 해 줄 아주 중요한 이야기가 있어. 내가 이번 방학 때 진짜 특이한 걸 경험했거든. 아마 이런 경험은 나밖에 안 해 봤을 걸? 어쩌면 전교에서도 나 혼자일지도 몰라."

"뭔데? 뭔데? 빨리 말해 봐"

"있잖아……. 나, 죽어 봤다!"

"뭐? 죽어 봤다고?"

"성민이 좀 황당하지 않아? 죽으면 죽는 거지, 죽어 보는 건 또 뭐야? 그럼 네가 죽었다가 다시 살아나기라도 했단 말이야?"

"그렇다니깐. 진짜 놀라운 경험이지 않아?"

"너, 무슨 사고라도 났었어? 아님 죽도록 아팠어?"

"아니."

"도대체 무슨 소리야? 사고도 안 났고 아프지도 않았는데 어떻게 죽어 봤단 말이야? 나 참, 죽어 봤다는 말부터가 말이 안 되긴 하지만."

"자, 여러분. 방학 잘 보냈어요? 이제 이야기는 잠시 중단하고 자기 자리에 앉읍시다."

담임선생님이 들어오시자 이야기가 잠시 중단되었다. 정훈이는 자리에 앉아서도 조금 전 성민이가 한 말이 머릿속에 맴돌았다.

방학 숙제를 제출하고 방학식이 끝나자 정훈이, 준호, 성민이는 학교 앞 분식집으로 달려가 떡꼬치와 튀김을 먹으며 이야기를 계속했다.

"죽어 봤다는 게 무슨 말이야?"

"실은 우리 아빠가 작년에 돌아가셨잖아. 솔직히 나는 그때 아빠가 돌아가신 게 실감이 안 났거든……."

성민이의 입에서 뜻밖의 이야기가 나오자 정훈이와 준호는 잠시 서로 눈치를 살폈다.

"그래도 처음에는 괜찮았어. 나 말고도 아빠가 안 계시는 애들은 많으니까. 그런데 요즘은 이상하게 아빠가 자꾸 보고 싶은 거야. 다른 애들이 아빠랑 같이 있는 걸 보면 특히……."

"음…… 힘내. 네가 그런 생각을 할 줄은 몰랐어. 미안……."

"너희가 뭘, 미안해 할 필요는 없어. 그냥 그렇다는 거지."

성민이는 얼른 밝은 표정을 짓더니 다시 이야기를 꺼냈다.

"아, 아빠 이야기를 하려던 건 아니고, 내가 하려는 이야기는 이거야. 이번 방학 때 엄마랑 나랑 동생이랑 죽음 체험에 참여했거든."

"뭐? 죽음 체험? 그런 것도 있어?"

"죽었다가 다시 살아나는 거야? 부활하는 것처럼?"

"아니, 그런 건 아닌데, 내가 몇 시간 뒤에 죽는다고 생각하고 미리 유서를

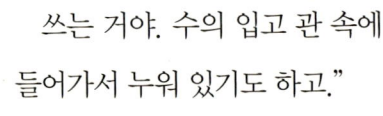

쓰는 거야. 수의 입고 관 속에 들어가서 누워 있기도 하고."

"뭐? 관에 들어간다고? 그건 좀……으스스한데……."

"어땠어? 진짜 무서웠겠다!"

"당연하지. 무섭긴 엄청 무서웠어. 내가 눈을 감고 누워 있으니까 사람들이 와서 뻣뻣한 옷을 입히고 나를 들더니 나무상자 같은 데 넣고 뚜껑을 확 덮어 버리는 거야. 처음에는 금방 열어 줄 줄 알았는데 뚜껑에 못 박는 소리가 막 들리니까 우와~ 지금 생각해도 온몸에 소름이 돋아. 아무튼, 뚜껑이 덮이니까 갑자기 엄청 캄캄해지면서 이러다가 정말 이 안에서 죽는 거 아닌가 싶더라. 못 박는 소리가 얼마나 큰지, 지금도 그 생각만 하면 무서워."

"진짜 관 속에 넣는 건 좀 심했다. 그러다 정말 죽으면 어떡해?"

"난 생각만 해도 끔찍하다. 죽으면 그냥 죽는 거지, 왜 그걸 체험까지 해? 우리가 무슨 할머니 할아버지도 아닌데."

"그렇긴 한데 나는 그런 생각이 들더라. 사람들은 나이가 많이 들어야 죽는다고들 생각하는데, 반드시 그렇지는 않은 경우도 참 많다는 거야. 우리 나이에 백혈병에 걸리거나 사고가 나서 죽는 애들도 있긴 있잖아. 죽는다는 게 우리랑 아무 상관이 없는 것 같아도, 알고 보면 나도 언제든지 죽을 수 있다는 생각이 가끔 들어."

"음. 우리 엄마 친구 아들도 자전거 타다가 교통사고 나서 그 자리에서 죽었다던데, 아파트 옥상에서 뛰어내려서 자살하는 애들도 있고."

"그건 그렇고, 그 다음엔 어떻게 됐어? 관에 있다가 진짜 죽으면 어떡해? 공기가 하나도 안 통하면 숨이 막혀서 진짜 죽을 수도 있잖아."

"금방 다시 꺼내 주긴 해. 그걸 하는 이유가 실제로 죽는 걸 경험하기 위해서이기도 하지만 죽음을 체험하고 나서 우리가 어떻게 살아야 할지 다시 생각해 보기 위해서래. 죽을 때 후회하지 말고 하루하루 최선을 다하자는 거라나? 솔직히 그 안에 한 번 들어가 보니까 시간 때우고 놀면서 살면 안 될 것 같다는 생각이 많이 들긴 했어."

"네 이야기 들으니까 나도 생각나는 게 있다."

"뭔데? 너도 죽음 체험 한 적 있어?"

"아니, 죽은 척해 보는 게 아니라 진짜 죽었다가 살아난 사람을 봤거든. 텔레비전에서 본 건데, 어떤 외국 사람이 병원에 있는데 자기 영혼이 몸에서 빠져 나가서, 누워 있는 자기 모습이랑 의사들이 자기를 치료하는 모습을 봤대. 나중에 깨어나서 자기 영혼이 본 걸 이야기하는데, 일반 환자들은 절대 알 수 없는 내용들도 다 맞히는 거야."

"그런 걸 보면 정말 영혼이 있다는 생각도 들어."

"맞아. 그런데 그 사람 말로는 자기가 죽었을 때 자기 영혼이 저승에 가서 죽은 가족도 만나고 저쪽 세상도 보고 왔다는 거야. 그런데 자기 영혼이 다시 자기 몸에 들어와서 살아나게 됐대."

"그거 진짜야? 지어낸 이야기 같은데? 그걸 어떻게 믿어?"

"그거야 나도 모르지. 그런데 진짜 신기했던 게, 그런 사람들이 다시 살아나면 거의 대부분은 죽기 전과 전혀 다르게 산대. 생각도 확 바뀌고."

"변하다니, 어떻게?"

"일만 하고 돈 버는 데만 관심 있었던 사람이 다시 살아나서는 기부도 많이 하고 좋은 일도 많이 하고, 그런 거지."

"지옥에라도 갔다 온 건가? 지옥에 가 보고 불우이웃돕기를 하기로 결심했거나, 그런 거 아닐까?"

"거기까지는 모르겠지만, 어쨌든 사람이 하루아침에 변한 걸 보면 뭐가 있긴 있나 봐. 성민이처럼."

 들여다보기

내가 한 달 뒤에 죽는다면?

죽음은 어디에 있을까?

여러분은 사랑하는 누군가가 세상을 떠나게 되어 슬펐던 경험이 있나요? 할머니, 할아버지, 부모님이 돌아가신 친구도 있을 테고, 친한 친구나 사촌들, 또는 집에서 키우던 강아지가 세상을 떠나 서럽게 울어 본 친구들도 있겠지요. 그러고 보니 죽음이란 그리 멀리 있거나 낯설기만 한 것이 아니라는 생각이 듭니다. 사실, 9시 뉴스만 보아도 죽음은 우리 곁에서 아주 흔하게 일어나는 일상임을 알 수 있지요.

그런데 한 가지 주의할 것이 있습니다. 죽음을 무섭고 끔찍한 일, 나와는 상관없는 일로 여기지 않는 것도 중요하지만, 그렇다고 해서 짜릿하고 재미있는 일 또한 절대 아니라는 것입니다. 이 말을 들으면 여러분도 '아니, 세상에 누가 죽음을 재미있다고 생각해?'하며 의아해 하겠지만, 컴퓨터 게임이나 영화에서 악당이 죽는 것을 보고 짜릿하고 통쾌하다고 느끼는 경우가 많으니까요. 만약 여러분의 죽음이 남들의 오락거리가 된다면, 여러분의 느낌은 어떠할까요?

내가 언제 죽을지는 아무도 모른다

'내가 언제 죽게 될까?'하는 생각을 해 본 적이 있나요? 사실 우리는 "죽고 싶어"라는 말을 습관적으로 하면서도, 평소에 '나도 언젠가는 죽는다'는 생각을 하는 경우는 드뭅니다. '이제 겨우 10년이 조금 넘게 살았는데 왜 벌써 죽는 걸 생각해?'라고 말하고 싶을지도 모르겠네요. 이건 여러분뿐만이 아니라 대부분 사람들이 마찬가지지요.

그렇지만 정말 죽을 뻔했던 고비를 넘긴 친구들도 분명 있을 것 같습니다. 교통사고를 당했거나 어릴 때 많이 아팠거나 바닷가에 놀러 갔다가 깊은 곳에 빠진 적이 있다거나 깜깜한 엘리베이터 안에 혼자 갇힌 적이 있다거나……. 누구든지 이런 경험을 하면 곧 죽을 것만 같은 두려움을 느끼게 마련이지요. 내가 직접 사고를 당하지는 않아도 버스나 지하철에서 사고가 나서 수많은 사람들이 우왕좌왕했을 때, 이웃집에 화재가 나서 시뻘건 불길이 치솟아 오르는 것을 보았을 때, 홍수나 가뭄으로 집이 둥둥 떠내려가고 길바닥이 쩍쩍 갈라졌을 때, 학원 수업을 마치고 밤늦게 돌아오는데 뒤에서 누가 따라오거나 집에 도둑이 들었을 때……. 이런 상황에서는 정말 죽을지도 모른다는 두려움에 사로잡히지요. 일상으로 돌아와서도 그때의 충격으로 악몽을 꾸기도 하고, 언제 또 그런 일이 닥칠지 몰라 하루하루를 두려워하며 살아가기도 한답니다.

지금까지 예로 든 경우는 모두 어느 날 갑자기 예상치 못한 사고나 재해로 죽음을 접하게 되는 경험들입니다. 이런 일을 겪어 보지 않은 여러분에게는 아마 남의 일처럼 여겨질지도 모르겠네요. 그렇지만 이런 일을 겪은 사람들 역시 그 전에는 여러분과 똑같은 생각을 했답니다. 그 사람들도 나에게 이런 끔찍한 일이 생길 것이라고 전혀 예상하지 못했지요. 그러니 여러분에게도 앞으로 불의의 사고나 슬픈 일이 절대 생기지 않는다고 확신할 수는 없답니다.

이와는 달리, 사는 것이 너무 힘들어서 그냥 죽어 버리고 싶다고 생각하는 친구들도 있을 것입니다. 모든 친구들이 나를 욕하고 미워할 때, 해야 할 일은 많은데 모두 하기 싫고 귀찮기만 할 때, 부모님이 사이가 안 좋으셔서 집에 들어가기 싫을 때, 큰 실수를 저질렀는데 부모님이 알게 될까 봐 두려울 때……. 물론 시간이 지나서 모든 일이 원만하게 해결되면, 겨우 그 정도 일 때문에 죽고 싶다는 생각을 했다는 것을 후회하겠지만 말이에요.

삶을 위한 죽음

죽을 것처럼 힘들고 아픈 경험을 하고 싶어 하는 사람은 없답니다. 하지만 이런 경험을 하는 것은 분명히 우리가 성장하고 성숙하는 데 많은 도움이 됩니다. 힘들고 아픈 경험을 하는 것은 불행을 겪는 일인데 그게 왜 도움이 되느냐고요? 그렇지요. 엄청난 고통과 두려움은 우리를 불행하게 합니다. 그런데 문제는 이런 죽음을 어느 누구도 피할 수 없다는 것입니다. 아무리 대범하고 씩씩한 사람도 언젠가는 죽게 마련입니다. 아무리 위대한 인물, 튼튼한 천하장사, 많은 돈을 가진 부자도 언젠가는 반드시 죽음을 맞이하게 되어 있지요.

우리 역시 언젠가는 죽을 수밖에 없습니다. 그래서 우리는 더더욱 죽음에 대해 생각해 보아야 합니다. 왜냐하면, 죽음을 이해하고 받아들여야 우리에게 주어진 하루하루를 더 의미 있게 살아갈 수 있기 때문이지요. '나는 앞으로 어떤 일을 하고 싶은지, 어떤 사람이 되고 싶은지 생각해 보는 것은 중요한 일이다.' 여러분은 이 말에 공감하나요? 그렇다면 내가 한 달 뒤에 이 세상을 떠난다고 가정해 보세요. 여러분은 남은 한 달을 어떻게 보내고 싶은가요? '늦잠을 자고, 컴퓨터 게임을 하고, 부모님께 잔소리를 들으면서 그렇게 한 달을 살다가 죽어도 좋다.' 이렇게 생각하지는 않겠지요?

이렇듯 내가 영원히 살 수 없고 언젠가는 나도 이 세상을 떠나게 된다는 사실을 기억한다면, 우리는 내 삶에 대해 좀 더 깊이 생각해 볼 수 있습니다. 죽음과 삶은 정반대라고 생각했지만 이제 보니 서로 떼려야 뗄 수 없는 관계를 맺고 있군요.

어떻게 살고, 어떻게 죽음을 맞이할까?

사람들마다 살아가는 방식이 다르듯 죽음을 맞이하는 순간도 다양합니다. 어떤 사람은 가족들에게 마지막 작별 인사를 남기며 조용하고 평화롭게 세상을 떠나는가 하면, 어느 날 갑자기 전혀 예상치 못한 사고로 세상을 떠나는 사람도 있습니다. 어떤 사람은 죽음을 피하기 위해 몸부림치다가 목숨을 잃기도 하지요. 이처럼 어떤 이들은 자기의 삶에 만족하며 평온하게 죽음을 맞이하기도 하지만, 어떤 사람들은 죽음을 받아들이지 못해 고통을 겪기도 합니다. 특히 어느 날 갑자기 사고를 당해 세상을 떠나게 되면, 주변 사람들이 그가 생전에 어떤 삶을 살았는지 이야기하는 경우가 많습니다. 이때 주변 사람들이 한목소리로 '앞으로 ○○없이 어떻게 살아야 할지 모르겠다'며 진심으로 슬퍼하는 경우도 있고, '참 아깝다'거나 '정말 훌륭한 삶을 살았다'고 기억하는 사람도 있지요. 반면 '왜 그동안 그렇게 못되고 인색하게 살았을까'라며 부정적으로 기억되는 경우도 있을 것입니다.

여러분도 언제 어떻게 죽음을 만나게 될지 모른답니다. 사실 대부분 사람들이 죽음에 대해 거의 생각하지 않고 살지만, 이제부터는 언젠가는 꼭 맞이하게 될 죽음을 대비하는 마음으로 여러분의 하루하루를 다시 생각해 보는 것은 어떨까요?

죽음이 언제 어디서 어떻게 우리에게 닥칠지 모른다는 사실을 생각한다면, 지금 이 시간에 우리가 살아 있다는 것, 엄마 아빠와 함께 시간을 보낼 수 있고, 학교에 갈 수 있고, 친구들과 즐거운 시간을 보낼 수 있고, 맛있는 음식을 먹을 수 있다는 사실이 더욱 소중하게 여겨질 수도 있습니다.

'나중에 후회하지 않기 위해 나는 이렇게 살 거야.' 이런 말을 들으면 여러분 머릿속에 어떤 생각이 드나요?

'어차피 언젠가는 죽을 텐데, 살아 있는 동안 내가 좋아하는 것을 다 하면서 살아야지', '남 생각할 여유가 어디 있어. 내가 하고 싶은 것만 하면서 살기에도 바쁜데', '하고 싶은 일, 갖고 싶은 것, 먹고 싶은 것은 다 누리면서 살아야 죽을 때 후회하지 않을 거야.'

혹시 이런 생각에 공감하나요? 물론 이렇게 생각하는 것이 잘못되었다는 것은 아닙니다. 그렇다면 한 번만 더 진지하게 생각해 볼까요?

내 생명보다 더 중요한 것이 있을까?

사람들은 누구나 자기 생명을 세상에서 가장 소중하게 여깁니다. 하지만 세상을 빛낸 수많은 위인들 중에는 일부러 죽음을 선택한 사람들도 많이 있답니다. 아마 여러분 중에는 예수와 소크라테스가 어떻게 죽었는지 알고 있는 사람들도 있겠지요?

예수는 죽은 지 2,000년이 지났는데도 전 세계의 수많은 사람들이 섬기고 따르는 아주 유명한 인물입니다. 그는 아주 가난하게 살았고, 서른세 살의 젊은 나이에 자진해서 죽음을 받아들였지요. 소크라테스는 아주 오랜 옛날에 살았던 사람이지만 지금도 우리 모두가 알고 있는 아주 유명한 철학자입니다. 그도 재판으로 유죄를 선고받고 감옥에 갇혀 죽음을 기다리게 되었지요.

그때 그를 따랐던 사람들이 도망갈 수 있도록 도와주겠다고 했지만, 그는 스스로 독배를 마셔 죽음을 택했습니다. 그가 내세운 이유는 법이 아무리 나쁘다 해도 자기 나라의 법을 지켜 다른 사람들에게 모범을 보여야 한다는 것이었습니다. 만약 여러분의 친구나 가족이 이런 판단을 내려 억울한 죽음을 맞이한다면 여러분은 어떤 기분이 들까요? 우리처럼 죽음이 두렵고 피하고 싶은 사람들에게는 참 바보 같은 행동으로 여겨지겠지요? 하지만 평범한 사람들 중에도 이런 선택을 하는 경우가 종종 있답니다. 몇 년 전 이수현이라는 청년이 누구인지도 모르는 일본인을 구하려다 목숨을 잃은 것처럼 말이지요.

이처럼 진실이나 정의를 위해 자기 죽음을 아끼지 않은 사람은 수천 년이 지나서도 기억되는 반면, 자신의 안락한 삶만을 추구하는 보통 사람들은 후세에 전혀 기억되지 않습니다. 모차르트나 쇼팽, 고흐, 이중섭, 박수근 같은 예술가는 부자가 되기 위해서가 아니라 자신이 택한 일에만 몰두해서 살았기에 가난과 병에 시달리다 일찍 죽었다는 사실, 여러분도 잘 알고 있지요? 일제시대 때의 독립운동가들 중에도 자기만 편안하고 풍족하게 살겠다는 욕심을 버리고 독립운동을 위해 목숨을 바친 사람들이 있습니다. 바로 안중근, 윤봉길, 안창호 선생님 같은 분들이지요. 우리는 이런 분들을 수십 년이 지난 오늘날에도 기억하고, 그분들을 기념하기 위해 여러 가지 행사를 열기도 합니다. 예술가는 그가 남긴 작품을 통해 수백 년이 지나도록 잊혀지지 않지요. 이처럼 나 혼자 좋은 옷을 입고 맛있는 음식을 먹으며 오래 사는 것보다는 누구에게나 주어진 한 번뿐인 삶을 영원한 업적과 감동으로 남겨 많은 사람들에게 오래오래 기억된다는 것이 진정으로 오래 사는 것일지도 모르겠습니다.

위에서 예를 든 사람들은 자기 생명보다 더 소중하게 여긴 것이 있었기에 이런 선택을 내릴 수 있었습니다. 여러분에게는 죽음이 무섭지 않을 정도로 소중한 무언가가 있나요?

1 여러분은 죽음을 경험해 본 적이 있나요?

- 그때 죽음에 대해 어떤 생각이 들었는지 이야기해 봅시다.
- 가족, 형제, 친구 등 나와 가까운 사람이 죽음을 맞이하게 되면, 여러분은 그 사람을 위해 무엇을 해주고 싶은가요?
- 여러분은 살기 싫다고 생각한 적이 있나요? 있다면 어떤 상황이었나요?

2 여러분은 어떤 경우에 삶이 소중하다고 여겨지나요?

- 죽기 전에 '이것만은 꼭 해보고 싶다' 하는 것이 있다면 무엇인가요?
- 내가 일주일 뒤에 죽는다고 가정하고, 남은 일주일 동안 어떻게 살고 싶은지 이야기해 봅시다.

3 여러분은 어떤 삶을 살고 싶은가요?

- 내가 생각하는 행복한 삶, 의미 있는 삶은 어떤 삶인지 이야기해 봅시다.
- 최선을 다하는 삶이란 무엇을 위해 사는 삶이라고 생각하나요?
- 내가 특별히 존경하는 인물이 있다면, 그 인물의 삶을 알아봅시다. 그 인물의 삶에서 어떤 점을 본받고 싶은가요?

8. 나는 왜 사는 거지?

우리는 왜, 무엇을 위해 살아가는 것일까? 어떻게 살아가는 것이 좋은 삶, 가치 있는 삶일까? 좋은 삶과 나쁜 삶, 가치 있는 삶과 가치 없는 삶을 나누는 기준은 무엇일까? 나는 내가 원하는 대로 살아가고 있을까?

사는 재미가 없어

　수진이는 오늘도 학교에서 돌아오자마자 부엌으로 향했다. 부엌 싱크대에는 아침에 남기고 간 설거지 거리가 잔뜩 쌓여 있었다. 여느 때 같으면 부지런히 설거지를 끝내고 저녁 식사 준비를 시작했겠지만, 오늘은 식탁에 앉아 멍하니 천장을 올려다보았다.
　'사람들은 왜 살지? 다른 사람들은 무슨 재미로 사는 걸까?'
　문득 이런 생각이 들었다. 지금까지 한 번도 해 본 적이 없는 생각이었다. 만약 예전에 친구가 이런 질문을 한다면 이렇게 대답했을 것이다.
　'재미? 맛있는 것 먹고 컴퓨터 오락도 하고 토요일에 여기저기 놀러 다니면 재미있지 않아? 그런 생각은 별로 안 해 봤는데?'
　하지만 지금은 아니다. 밥을 하고, 설거지를 하고, 동생을 돌보는 일이 하루 일과의 전부가 되어서인지, 왜 이렇게 모든 것이 재미없고 시시한지 모르겠다. 나는 왜 사는 거지? 아, 아빠가 있구나. 맞아, 우리 아빠를 생각해서라도 내가 이러면 안 돼. 아빠도 엄마가 안 계셔서 힘드실 텐데. 그래도 아빠는 우리 덕분에 산다고 하셨잖아.
　"왁!"

"아, 깜짝이야!"

깜짝 놀란 수진이는 등 뒤에서 갑자기 나타난 동생 철진이를 보고 한숨부터 쉬었다.

"어휴, 나 기절하는 줄 알았잖아."

수진이는 철진이의 엉덩이를 찰싹 때리며 눈을 흘겼다.

"히히, 근데 누나! 지금 뭐해? 어디 아파?"

"응? 아, 아, 아파."

"아파? 어디가 아픈데?"

천방지축 개구쟁이 철진이는 항상 수진이를 힘들게 하지만, 그래도 누나가 아프다니까 금방 얼굴에 걱정이 가득하다. 이럴 때는 그저 귀엽고 사랑스럽기만 한 동생이다.

"놀랐지? 히히, 나도 복수했지롱."

"복수? 에이, 뭐야~"

"오늘은 왜 이렇게 일찍 들어왔어?"

"배가 너무 고파서. 먹을 거 없어?"

철진이는 냉장고 문을 열더니 찐 고구마와 우유를 꺼냈다. 아직 어린데도 언제부터인가 누나가 자기를 챙겨 주기를 바라지 않고 간식 정도는 스스로 챙기기 시작했다. 누나가 잠깐만 안 보여도 무섭다고 울던 철진이가 벌써 이렇게 자라다니, 정말 기분이 좋았다.

철진이는 텔레비전을 보면서 찐 고구마를 먹기 시작했다. 철진이는 맛있는 요리를 소개하는 프로그램을 보고 있었다. 수진이는 문득, 며칠 전에 철진이가 떡볶이를 먹고 싶다고 보채던 것이 생각났다. 역시 먹는 것이 최고다. 요즘은 텔레비전을 보아도 맛집을 소개하거나 맛있는 요리를 만드는 법을 설명하는 프로그램이 엄청나게 많다. 무슨 음식을 먹으면 몸에 좋고 어떤 음식은

먹는 것으로도 모자라 팩으로 만들어서 얼굴에 바르기까지 한다. 그리고 보니 모든 사람들의 가장 큰 관심사가 음식인지도 모르겠다.

후다닥 설거지를 마치고 쌀을 씻어 밥솥에 안치는 순간, 밖에서 큰 소리가 들렸다.

"너, 지금 도대체 몇 시야! 학원 갈 시간까지 놓치면 어떡하니?"

옆집 희수 엄마의 목소리였다. 희수가 또 컴퓨터에 빠져 있다가 엄마에게 꾸중을 듣는 것 같았다.

"빨리 가! 학원 차 놓치겠어!"

"아, 엄마~ 나 정말 그 학원 재미없어서 못 다니겠단 말이에요."

"뭐? 너는 공부를 재미로 하니? 공부는 재미없어도 당연히 해야 하는 거야. 엄마 아빠가 없는 돈 털어서 보내 주면 고맙게 공부해야지. 열심히 하려고 마음만 먹어 봐, 없던 재미도 생겨. 빨리 안 가!"

'철진이도 인터넷을 많이 하는데, 희수도 그런가? 앗, 철진이도 지금 인터넷 하는 거 아냐? 숙제부터 시켜야 하는데.'

수진이가 재빨리 방문을 열어 보니 오늘은 만화 삼매경이었다. 평소 같았으면 동생에게 뭐라고 잔소리를 했을 텐데, 그래도 인터넷보다는 나은 것 같아서 오늘은 숙제만 같이하기로 했다.

"철진아, 이리 와서 앉아. 만화책은 숙제 다 하고 봐."

누나가 부르자 철진이는 아무 말 없이 만화책을 덮고 상 앞으로 다가와 책가방에서 교과서와 문제집을 꺼냈다. 수진이도 철진이 옆에 앉아 책을 펼쳤지만 글자가 눈에 들어오지 않는다.

'아까 희수 엄마는 마음만 먹으면 없던 재미도 생긴다고 했잖아. 그게 진짜일까? 그럼 내가 지금 사는 것이 재미없는 것도 내 맘이 변해서일까? 예전에는 한 번도 이런 생각을 해 본 적이 없는데. 그러면 나는 뭐가 재미있지? 아, 생각이 잘 안 나네. 엄마가 돌아가시고 난 뒤로 별로 재미있는 일이 없었던 것 같은데, 그러면 그게 전부 내 마음 때문이란 말이야? 그러면 우리 아빠는? 우리 아빠가 아침 일찍 나가서 저녁 늦게까지 일하고 오시는 건 재미있어서가 아니잖아. 우리 가족이 살려면 돈이 필요하니까 힘들고 하기 싫고 피곤해도 매일 회사에 가시는 거잖아. 그래, 이게 다 돈 때문이야. 아까 희수 엄마도 그러셨어. 없는 돈을 털어서 학원에 보내 주는 거니까 고맙게 공부하라고. 맞아. 그러니까 어른들은 전부 돈을 벌지. 평일보다 주말을 더 좋아하면서도 회사에 가는 건 다 돈 때문이야. 그놈의 돈!'

책상 앞에 앉아서 여러 가지 생각을 하다 보니 돈이 정말 많았으면 좋겠다는 생각이 커진다. 우리 집에도 돈만 많으면 내가 이렇게 서툰 솜씨로 밥을 하지 않아도 되고, 우리 아빠도 고생하지 않으셔도 될 텐데. 아주 실력 있는 선생님을 집으로 오시게 해서 철진이 공부도 봐 줄 수 있다. 나는 학교 앞에서 파는 떡볶이를 매일 먹을 수 있고, 드라마에 나오는 아이들처럼 예쁜 옷을 입을 수도 있다. 아, 그렇게만 된다면 얼마나 좋을까?

'우리 집은 가난하니까, 빨리 부자가 되기 위해서는 나도 돈을 벌어야 해. 그러면 나도 공부는 그만하고 돈을 벌까? 솔직히 공부하는 것보다는 대학생 언니들처럼 예쁜 커피숍에서 커피도 만들고 빵도 만드는 게 훨씬 재미있을 거야.

그런데 나는 아직 어려서 그런 일은 못 하겠지? 그러면 내 나이에는 무슨 일을 해서 돈을 벌 수 있을까? 내 또래 아이들이 지하철에서 물건을 파는 걸 보긴 했지만 그건 돈 버는 일이 아니라 구걸하는 거잖아. 그건 힘들고 창피해서 못해. 음, 나는 무슨 일을 해서 돈을 벌어야 할까?'

부자가 될 생각을 하니 기분이 좋아져서 빨리 돈을 벌고 싶은데, 막상 생각해 보니 수진이가 할 수 없는 일이 별로 없는 것 같다. 그런데 또 곰곰이 생각해 보니 돈이 많으면 며칠 동안은 좋을 것 같지만, 시간이 지나면 지금과 별 차이가 없을 것 같다. 이유는 단 하나, 엄마가 없기 때문이다. 맛있는 것도 엄마 아빠와 같이 먹어야 더 맛있고, 놀이공원도 엄마 아빠 철진이까지 네 가족이 모두 함께 가야 더 재미있기 때문이다.

문득, 엄마가 보고 싶다. 엄마가 돌아오실 수만 있다면 희수 엄마처럼 아무리 잔소리를 해도 괜찮을 것 같다. 엄마, 엄마…….

수진이는 벽에 몸을 기대며 눈을 감았다. 눈물이 수진이의 볼을 타고 주르륵 흘렀다.

 들여다보기

내 삶의 가치를 찾아가는 일

여러분도 수진이처럼 '나는 무엇 때문에 살아가나?' 하고 의문을 가진 적이 있나요? 여러분은 무슨 재미로 살고 있는지, 주변 친구들은 어떻게 생각하는지 한번 이야기해 봅시다. 친구들의 생각과 여러분의 생각이 비슷한가요, 다른가요?

이 세상에 재미있는 일을 싫어하는 사람은 없을 거예요. 그만큼 세상을 재미있게 살아간다는 것은 큰 행운이라고 할 수 있지요. 외국 유명 대학의 의사들이 연구한 결과를 보아도, 병에 걸린 사람들이 재미있는 텔레비전 프로그램이나 만화책을 보면서 많이 웃으면, 아픔도 덜 느끼게 되고 약을 조금만 먹어도 이전보다 훨씬 건강이 좋아진다고 하니 정말 놀라운 일이지요. 심지어 억지로 웃는 것도 몸에 좋다고 하니, 사람들이 재미있고 즐거운 일을 찾으려 하고 그렇게 지내고 싶어 하는 것은 아주 자연스럽다고 할 수 있습니다.

그런데 어떤 사람들은 재미있지도 않고 어렵고 힘들기만 한 일을 하면서 살아가기도 합니다. 여러분의 부모님, 동네 어른들, 할머니와 할아버지들처럼 어른들 대부분은 힘들게 일을 하면서 산다는 것을 발견할 수 있을 것입니다. 물론 어른들이 하시는 일들이 전혀 즐겁지 않다고 말할 수는 없습니다. 그러나 재미와 즐거움보다는 힘들고 귀찮고 피곤한 경우가 더 많다는 것을, 여러분도 이제는 잘 알 거예요. 그러면 왜 많은 사람들은 즐겁지도 않은 일을 하면서 사는 것일까요? 네, 맞아요. 돈을 벌기 위해서지요. 그게 가장 큰 이유일지도 모르겠어요. 그러면 그 외에 다른 이유는 없을까요? 어떤 것들이 있는지 생각해 볼까요?

사람들은 각자 자신이 원하는 것을 추구하면서 삽니다. 어떤 사람들은 자기 손으로 무언가를 만들면서 즐거움을 느끼지요. 어떤 사람들은 유명해지고 다른 사람들에게 인기를 얻는 것에서 만족을 느끼고, 또 어떤 사람들은 다른 사람들이 모르는 것을 알아내는 일, 즉 끊임없이 배우는 것에 흥미를 느끼는 경우도 있습니다. 이런 사람들은 어떤 분야에서 최고가 되겠다는 꿈을 이루기 위해 도전하지요.

반면, 하루하루를 아무 생각 없이 보내는 사람들도 있습니다. 이런 사람들은 무언가를 위해서 살아가는 대부분 사람들과는 달리, 이루고 싶은 것이 없거나 노력하는 것을 싫어하는 경우가 많습니다. 눈앞에 맛있는 것이 있으면 일단 먹고, 없으면 굶고, 내일 먹을 것을 남겨 두기보다는 지금 당장의 즐거움을 위해 참지 않고 다 먹는 경우가 많지요. 네? 아니라고요? 지금 하고 싶은 것을 하면서 살아가는 것도 인생의 목적이 될 수 있다고요? 흠, 물론 그것도 목적이 될 수는 있지요. 그렇다면 다른 친구들도 모두 그렇게 생각하는지 이야기해 봅시다.

자, 지금부터 여러분은 요즘 내가 가장 바라는 것이 무엇인지 생각해 봅시다. 우선 여러분이 가장 관심 있어 하는 것이 무엇인지를 생각하는 거예요. 또는 여러분과 가장 가까운 사람들, 친한 친구나 가족들에게 여러분 자신이 무슨 생각으로 살아가는 것처럼 보이는지 물어보세요. 여러분의 생각과 같은지 다른지 비교해 보는 것도 재미있을 것 같네요.

사람들은 무엇을 추구하며 살아갈까?

이번에는 대부분 사람들이 추구하는 것들이 정말로 추구할 만한 것인지를 생각해 보기로 해요. 지금까지 친구들이 추구한다고 답한 것들을 간단히 정리해 볼까요? 돈 많이 벌기, 인기 있는 사람 되기, 명예 얻기, 불우이웃 돕기, 세계적인 학자가 되어 발명품 개발하기, 위대한 업적 쌓기 등등…….

아마 다양한 의견들이 나오겠지요? 그런데 이 중에는 여러분이 생각하기에 조금 더 가치 있고 소중한 것들과 그렇지 않은 것들이 있을 거예요. 이번에는 여러분이 가장 소중하다고 생각하는 가치부터 순위를 매겨 봅시다. 다른 사람들의 생각도 물어보고 여러분의 생각과 한번 비교해 보면서요.

참, 이때 주의할 점이 있습니다. 앞에서는 사람들이 살아가는 실제 모습을 관찰하고 분석해 보았다면 지금은 사람들이 생각하는 바를 알아본다는 점이지요. 사람들은 자기가 중요하다고 생각하는 것과 실제로 실천하는 모습이 다른 경우가 참 많거든요. 물론 생각과 실제 모습을 일치시키려고 노력하는 사람들도 있습니다. 이런 사람들은 자신이 중요하게 여기는 가치를 따라 자기 생활을 조정하며 살기 위해 노력하지요. 김연아 선수나 박태환 선수 같은 사람들이 예가 될 수 있겠네요. 이 사람들은 자기 실력을 높이는 일을 가장 가치 있다고 생각했기에 남들보다 더 혹독하게 자기를 단련했습니다. 물론 김연아 선수나 박태환 선수처럼 반드시 유명해져야 한다는 것은 절대 아니에요. '생활의 달인'이라는 프로그램에서도 보듯이 자기가 맡은 일을 열심히 하면서 묵묵히 살아가는 사람들도 유명인들 못지않게 자기 자신을 단련하며 살고 있다고 말할 수 있습니다.

자, 이제 여러 친구들이 대답한 소중한 가치들 중에서도 가장 소중하다고 생각하는 것은 무엇인지 꼽아 봅시다. 꼽았다면, 여러분이 그 가치를 가장 소중하다고 꼽은 이유가 무엇인지 진지하게 생각해 볼까요? 혹시 남들의 시선을 받기 때문에, 많은 사람들이 그 가치를 중요하게 생각하기 때문에 여러분도 그 가치를 꼽은 것은 아니겠지요?

많은 사람들이 추구하지는 않아도 소중한 가치로 꼽히는 것이 있다면 그 이유를 어떻게 설명해야 할까요? 많은 사람들이 돈을 가장 소중하게 생각한다면, 돈이 가장 소중한 가치일까요? 돈이 가장 소중한 가치가 될 수 없다면, 그 이유는 무엇이라고 생각하나요? 돈을 가장 소중하게 여기면 무슨 문제라도 생기는 것일까요? 위대한 업적을 추구한 사람들은 어떻게 그런 성과를 얻을 수 있었는지 이야기해 봅시다.

가장 소중한 것을 찾아내는 기준

한꺼번에 너무 많은 질문을 받아서 머리가 복잡한가요?

하지만 내가 무엇을 위해 무슨 직업을 가지고 살아갈 것인가를 정할 때, 그것의 가치가 정말로 추구할 만한 것인지 곰곰이 생각해 보는 일은 참으로 소중합니다. 왜냐고요? 우리는 삶을 두 번 살 수 없기 때문이지요.

우리가 자신의 인생을 잘 살기 위해 어떤 목표를 세울 것인가 하는 문제는 정말 중요합니다. 그렇기 때문에 머리가 복잡하고 아픈 것이지요. 하지만 그렇다고 해서 피할 수는 없답니다. 이럴 때, 즉 무엇이 정말 소중한 것인가를 가릴 때에는 이를 구분하는 기준을 마련하는 것이 큰 도움이 됩니다.

위에서 이야기했던 다양한 삶의 가치들 중에서 나는 어떤 것을 가장 소중하게 생각한다고 주장할 수 있으려면, 어떤 기준으로 그런 판단을 내렸는지 말할 수 있어야 합니다. 그런 기준을 가지고 판단한 사람은 그렇지 않은 사람보다 더 후회 없는 선택을 했다고 볼 수 있어요. 더 좋은 가치, 덜 좋은 가치는 없습니다. 다만 어떤 기준으로 그 가치를 선택했느냐 하는 과정이 중요하다는 것이지요.

그 기준에는 어떤 것들이 있을까요? 먼저, 가장 큰 만족을 주는 것을 생각할 수 있습니다. 만족하는 순간이 길다면 더욱 좋겠지요.

그리고 무엇보다도 나에게 만족스러워야 할 것입니다. 내가 즐거워하고 내가 잘할 수 있는 것이라면 만족스럽다고 할 수 있겠죠. 또한 나에게뿐만 아니라 다른 사람들에게도 만족을 주는 것, 즉 나도 좋고 남도 좋은 것, 되도록 많은 사람들에게 만족을 주는 것이라면 더욱더 좋은 기준이 될 수 있겠네요.

자, 이제 이러한 기준을 바탕으로 어떤 가치가 가장 훌륭한 가치인지 한번 평가해 보세요. 아직도 어려운가요? 우리가 일상에서 느끼고 생각하는 문제에는 정답이 없는 경우가 훨씬 많답니다. 그러니 조금 어렵더라도 지금부터 차근차근 생각하는 습관을 들인다면, 여러분은 분명 올바른 사고력과 판단력을 가진 멋진 어른으로 성장할 수 있을 거예요.

아, 저 기준만으로는 뭔가 부족한 것 같다고요? 네, 아주 훌륭한 지적입니다. 여러분이 더 좋은 기준을 찾아낼 수 있다면, 그것이야말로 최고의 철학이랍니다.

소중하다고 생각하는 것들의 가치를 분석해 보기

돈

여러분은 수많은 가치 중에서도 돈을 많이 갖고 싶다는 마음이 가장 크지 않나요? 그래요, 돈이 많으면 참 좋은 것들을 많이 얻을 수 있지요. 먹고 싶은 것, 가지고 싶은 것, 놀 수 있는 것 등, 돈으로 내가 원하는 것을 살 수 있으니까요. 심지어 공부를 열심히 하고 싶어도 책을 사야 하고, 학원비도 내야 합니다. 여행을 갈 때도 교통비를 내거나 잠잘 곳을 마련하기 위해서는 돈이 필요합니다. 또 어려운 사람들을 돕는 일을 할 때도 돈을 모으지요. 병이 나서 치료를 할 때도 돈이 필요하기 때문에, 돈이 없어서 생명이 위태로워지는 사람도 있습니다. 사랑하는 가족의 생일을 축하해 주거나 친구의 합격, 사촌 언니나 누나의 결혼을 축하할 때도 돈으로 선물을 삽니다. 정말 돈으로 안 되는 게 없는 것 같습니다. 맞습니다. 돈은 만능 해결사 노릇을 톡톡히 합니다.

그러니 잊지 말아야 합니다. 돈은 무언가를 해결하기 위해 필요한 수단이라는 것을요. 돈이 여러 상황에서 너무나 유용하게 쓰이다 보니, 돈이 최고라는 생각을 하게 되는 경우가 많습니다. 그래서 돈 자체만을 위해 살다가 다른 중요한 가치를 놓치는 사람들도 많이 있지요. 돈 때문에 친구와의 우정을 저버리는 경우도 있고, 건강을 지키기 위해 돈을 버는 것이 아니라 돈을 벌기 위해 건강을 돌보지 않은 채 일하다가 정작 돈은 쓰지도 못한 채 목숨을 잃는 경우도 있습니다. 가족끼리 돈을 더 가지려고 다툼이 일어나면 결국 돈 때문에 서로 미워하며 살게 되는 불행을 겪게 됩니다.

자, 여러분은 돈을 어떻게 벌고 어떻게 쓰고 싶은가요? 내가 돈을 위해 살지 않고 나를 위해 돈을 쓸 수 있도록 하려면 어떤 규칙이 필요하다고 생각하나요?

권력

여러분 중에는 분명 대통령이나 국회의원이 되기를 꿈꾸는 사람들이 있을 것입니다. 평범하게 살기보다는 다른 사람들 앞에 나서서 자신의 능력을 발휘하고 싶은 마음이 강한 친구들이지요. 이것은 참으로 훌륭한 포부입니다.

그런데 그러한 자리는 내가 가지고 싶다고, 내가 원한다고 해서 마련되는 것이 아니라는 사실을 여러분도 잘 알고 있을 것입니다. 즉, 다른 사람들이 나를 인정해 주어야 그 자리에 앉을 수 있는 것이지요. 그 자리를 원하는 사람은 다른 사람들로부터 인정받을 수 있는 능력을 보여 주어야 하며, 인정받을 수 있는 일을 해야 합니다. 그런데 남들에게 보이기 위해 하는 일과 자기 자신을 위해 하는 일 중 다른 사람들은 어느 것을 더 높게 평가해 줄까요? 다른 사람의 환심을 사기 위해서만 살아간다면 얼마 동안은 좋은 평가를 받을 수도 있겠지만, 만약 나의 솔직한 모습, 단점과 부족한 점, 실망스러운 모습을 들키게 되면 한순간에 엄청난 비난이 쏟아질 수도 있습니다. 그러나 옳다고 믿는 일을 하면서 남들을 설득시킨다면, 처음부터 좋은 평가와 인정을 받지 못하더라도 점차 믿음을 쌓아 가면서 명성을 얻게 되어 오래도록 추앙받는 역사적인 인물로 기록될 수 있습니다. 이렇게 얻은 권력과 힘은 허물어지지 않습니다. 역사적으로 위대한 인물들이 그 예입니다. 그들의 어린 시절과 젊은 시절은 고난과 역경으로 가득하지만, 이를 이겨내며 스스로 가치 있다고 선택한 일에 열정을 바치며 살았다는 것을 우리는 알 수 있지요.

화려함

우리는 다른 사람들 앞에서 멋있게 보이고 싶고, 예쁘고 아름다운 것을 가지고 싶고, 고급스러운 것을 누리며 살아가고 싶은 마음도 큽니다. 얼굴이 잘생기고 몸매가 좋다는 이유로 유명해져서 돈도 많이 벌고, 많은 사람들에게 인기를 얻기도 하지요. 값비싼 물건을 가지고 있거나 화려한 옷을 입고 다니는 친구들을 보면 부러워지기도 합니다. 이처럼 화려함은 사람들이 추구하는 가치 중의 하나임이 분명합니다.

그런데 이러한 화려함이 정말 그 사람 자체를 나타내고 있다고 볼 수 있을까요? 예쁜 외모로 엄청난 인기를 누리는 연예인이 알고 보니 성형수술을 했고, 수술 전의 모습은 지금과 전혀 달랐다는 것을 알게 되었을 때, 우리는 그

동안 속았다는 느낌을 받게 됩니다. 또 멋진 외모와 탁월한 운동 실력을 갖추고 성품도 신사다웠던 한 남자 연예인이 군대에 가지 않으려고 법을 어겼다는 사실을 알게 됐을 때, 사람들은 하루아침에 그를 비난하며 더 이상 찾지 않았지요. 이처럼 멋있고 근사한 모습만 보다가 그들의 감춰진 모습에서 잘못을 발견하게 되면 실망은 더욱 큽니다.

반대의 경우도 있지요. 예쁘고 멋있는 사람이 알고 보니 남몰래 선행을 많이 베풀었고 인품까지 훌륭하다는 것을 알게 되었을 때, 그 사람을 부러워하던 마음이 어느 순간 존경스러움으로 바뀌기도 합니다. 사고로 장애를 갖게 된 사람이 그 역경을 극복하고 평범한 사람들도 하기 어려운 일을 해내며 살아가는 모습을 보고, 많은 사람들이 눈물을 흘리며 자신의 행동을 되돌아보기도 하고요.

값비싼 옷이나 화려한 장식품을 걸쳤다고 해서 그 사람이 가치 있고 멋진 사람이 되는 것이 아니라는 사실이, 이제 와 닿나요? 어떤 사람이 많은 이들에게 큰 행복과 희망을 주었는데도 그 사람이 초라한 옷을 입었다고 해서 그를 보잘것없는 사람으로 생각하는 친구들은 없겠지요? 화려한 겉모습이나 값비싼 물건이 사람들에게 안겨 주는 부러움과, 누군가의 착한 마음과 행동이 다른 사람들에게 안겨 주는 따뜻함과 감동 사이에는 엄청난 차이점이 있습니다.

1 '나는 무엇 때문에 사는 걸까?'라는 궁금증을 가져 본 적이 있나요?

- 어떤 상황에서 그런 의문이 들었는지 이야기해 봅시다.
- 그때 여러분이 내린 결론은 무엇이고 그 이유는 무엇인지 이야기해 봅시다.
- 동생이 같은 문제로 고민한다면 여러분은 뭐라고 조언해 줄 것인지 이야기해 봅시다.

2 사람들은 무엇을 위해 살아간다고 생각하나요?

| 돈, 재미, 먹기, 배움, 성공, 명예, 가족, 우정, 기타 |

- 왜 그렇게 생각하는지 근거를 들어 설명해 봅시다.
- 위의 보기에 나온 가치들을 추구하면서 사는 사람들을 찾아보고, 어떤 사람들인지 이야기해 봅시다.
- 위의 보기에 나온 가치들을 비교해 봅시다. 여러분이 생각하기에 가장 중요한 순서대로 순위를 매기고, 그렇게 순위를 매긴 이유를 설명해 봅시다.
- 위의 보기에 나온 가치들보다 더 소중한 가치가 있다고 생각하나요? 있다면 무엇인지 설명해 봅시다.

3 아래에 나열된 가치들을 보고 물음에 답해 봅시다.

> 정직하기, 시간 지키기, 친절 베풀기, 정리정돈하기, 재능과 특기 계발하기
> 돈 아끼기, 화날 때 참기, 깨끗하게 씻기, 어른 말씀을 귀담아 듣기
> 고운 말 바른 말 쓰기, 내 몸을 멋지게 가꾸기, 고기 안 먹기
> 글씨 단정히 쓰기, 꾸준히 운동하기, 한 가지 일에 모두하기
> 일찍 일어나고 일찍 자기, 하루 세끼 잘 챙겨 먹기

- 이 중에서 모든 사람들이 마땅히 추구해야 하는 가치가 있을까요? 있다면 무엇이라고 생각하는지 이야기해 봅시다.
- 대부분 사람들이 매우 소중하다고 여기는 가치이지만 여러분은 그렇게 생각하지 않는 것이 있다면 그것은 무엇인가요? 그리고 그 이유는 무엇인지 설명해 봅시다.

9. 동물에게도 권리가 있을까?

동물을 우리 마음대로 다루어도 될까? 우리가 동물들의 삶까지 보살펴야 할 의무가 있을까? 동물들에게도 동물답게 살 권리나 자유가 있을까?

나도 살아 있는 생명체라고!

"어! 아빠! 약속대로 정말 일찍 오셨네요."

퇴근하신 아빠를 보고 영식이의 입이 귀에 걸렸다. 오늘은 방송국에서 영식이네 동네로 촬영을 하러 오는 날이다. 영식이 아빠가 개발한 아이디어가 채택되어 방송에 소개되는 것이다. 그 아이디어란 다름 아닌 '돼지 키우는 방법'. 이장님과 마을 어른들은 아침부터 부산하게 움직이며 동네 구석구석과 축사를 청소하는 데 온 정성을 기울였다.

약속한 시간이 되자 저 멀리서 커다란 방송국 차량이 마을 어귀로 들어서더니 영식이네 집 앞에 섰다. 집 앞은 이내 사람들로 북적였고, 기다란 마이크와 화려한 카메라 장비들이 마당에 세워지기 시작했다. 엄마는 곱게 화장을 했고, 아빠도 단정한 셔츠를 차려입고 카메라 앞에 서서 이번에 개발한 축사 설비를 소개하기 시작하셨다.

"네. 이 통은 자동 식수통입니다. 돼지가 가장 좋아하는 온도인 12도에서 15도 정도로 자동으로 맞춰지고, 식수도 자동으로 채워집니다."

"아! 그렇군요. 아주 편리할 것 같습니다. 돼지들도 식수를 먹기가 한결 편할 것 같군요. 그런데 돼지우리마다 칸막이가 있어서 돼지 한 마리당 공간이 조금 좁은 것 같은데요."

"아, 그게 바로 돼지고기를 맛있게 만드는 비결입니다. 돼지를 키우다가 덩치가 커지면 이 공간에 맞게 운동을 시키지요. 그렇게 몇 번 반복하면서 지방과 근육이 적당히 생기도록 하는 겁니다. 운동을 시키는 시기와 살찌우는 기간을 조절해서 공간 크기를 정한 거지요."

영식이 아버지는 기존의 돼지 축사에 새로운 장비와 관리시스템을 도입해 특허 등록을 신청했는데 그게 인정되어 허가를 받게 되었다. 영식이 아버지가 고안한 새로운 축사는 전보다 유지비는 줄이면서 돼지를 더 크게 키울 수 있기 때문에, 고기의 양과 품질을 높여 더 비싼 값을 받을 수 있다. 그렇게 되면 돼지를 키우는 사람들의 소득이 높아질 뿐 아니라 삼겹살, 오겹살 등 사람들이 좋아하는 고기 부위도 더 많이 얻을 수 있다.

5년 전부터 돼지 축산업을 시작하신 영식이 아버지는, 지난 3년 동안만 해도 엄청나게 고생을 많이 하셨다. 갑자기 전염병이 돌아 돼지 수십 마리를 불에 태워야 했을 때는, 재산이 한꺼번에 사라지는 것 같아 눈앞이 막막했다. 먹이도 주고, 돼지우리 청소도 해 주고, 예방주사도 놓아 주고, 새끼를 낳으면 하나하나 돌보면서 온 가족이 새벽부터 밤늦게까지 고생했는데, 그 모든 고생이 눈 깜짝할 사이에 연기처럼 사라지는 느낌이었다. 영식이 부모님은 한동안 몹시 힘들어하셨지만, 곧 일어나시더니 엄청난 짠순이, 짠돌이로 변하셨다. 아이스크림 하나 먹고 싶다는 말조차 꺼낼 수 없었다. 그렇게 힘들게 사는 동안에도 영식이 아버지는 2년 전부터 공부를 하면서 뭔가를 연구하시더니, 결국 새로운 축사를 개발하신 것이다.

"아이고, 쟤네 아빠 덕에 우리 마을이 고급 돼지 마을로 지정된 게 아녀."

"그러니께, 이제는 뭘 해도 머리를 써서 해야 돈을 버는 거여."

"아따, 머리만 좋은 게 아니지. 쟤 아빠가 얼매나 부지런했어. 그렇게 망하

고도 기를 쓰고 하더니만, 참으로
독한 양반이제."
"쟤네들도 지 아빠를 닮아서 잘할 거여."
이제 마을 어른들은 영식이 형제가 지나가는 것만 봐도 이렇게 칭찬을 늘어놓으셨고, 영식이는 강한 책임감을 느끼면서도 한편으로는 뿌듯했다. 아버지 망신을 시키지 않기 위해 장난도 함부로 하지 않았다. 그래도 기분이 좋았다. 조금만 더 참으면 엄마에게 새 옷과 신발, 컴퓨터를 사 달라고 조를 수 있기 때문이다.

방송국 사람들이 돌아가자 부모님은 "오늘은 특별한 날이니까, 우리 오랜만에 삼겹살 파티를 열자"고 하셨다. 아빠가 성공적으로 키운 돼지를 우리가 시식하기로 한 것이다.

"와~ 드디어 우리도 고기를 먹게 된다!"
영주는 고기를 먹을 생각에 환호성부터 질렀다. 삼겹살이 지글지글 구워지

138

면서 집 안에 구수한 냄새를 풍기자, 배꼽 시계가 요란하게 울렸다. 지방이 적절히 박힌 고기를 입에 넣고 오물거리니, 살살 녹는 맛이 환상이다.

나는 영식이네 집에서 살고 있는 돼지다. 작년까지는 엄마 젖을 먹으며 함께 지내다 올해부터 엄마와 떨어져 형제들과 같이 지냈고, 독방으로 온 지는 6개월 정도가 된 것 같다. 형제들과 같이 지낼 때는 혼자 있었으면 좋겠다고 생각했지만, 막상 혼자 있으니 형제들과 같이 있었을 때가 훨씬 좋았던 것 같다.

혼자 지내면서 부쩍 작년 생각이 많이 난다. 특히 잊을 수 없는 사건은, 주인이 나와 우리 형제들의 꼬리를 자르고 이빨을 부러뜨렸을 때다. 얼마나 아팠던지 지금도 그 생각만 하면 눈물이 난다. 동생 꼬리가 잘린 부분에 피가 맺혀 있었으니, 아마 내 꼬리도 그렇게 되었을 것이다. 꼬리가 잘릴 때마다 우리가 꽥꽥 소리를 지르면, 주인은 이렇게 말하곤 했다.

"욘석들아, 이게 다 느그들이 서로 꼬리 물지 말라고 그러는 거여. 자꾸 꼬리 물어서 느그들이 병에 걸리믄, 느그들도 손해고 나도 손해잖여. 그니께 좀만 참그라잉."

그래도 꼬리가 잘리고 이빨이 뽑히는 고통은 참을 만했다. 요즘은 차라리 죽는 게 나을 것 같다. 아니, 어차피 얼마 후면 곧 죽을 것이다. 한 살도 채 되지 않았는데 나는 벌써 새끼를 두 번이나 낳았다. 새끼를 베면 몸이 무거워져서 서 있기도 힘들다. 게다가 한 번에 여덟 마리 이상을 낳으니 새끼를 낳을 때마다 얼마나 진이 빠지는지! 그래도 새끼들에게 젖을 먹이는 동안은 그나마 편했던 것 같다. 3주일 정도 지나면 새끼들과 헤어져 또 새끼를 베야 한다. 새끼 낳고 젖 먹이고 새끼 낳고 젖 먹이고……. 나는 그저 새끼만 낳으려고 태어난 건가? 태어나서 지금까지 뛰기는커녕 몇 발자국 제대로 걸은 적도 없다. 내가 사는 축사는 앞뒤로 한두 발짝, 옆으로 조금 뒤척일 수밖에 없을 정도로 작다. 난 여기에 갇혀서 매일 똑같은 사료를 먹으면서 온종일 차갑고 칙칙한 벽만 보고 있다. 하다못해 땅을 파는 재미라도 있어야 할 것이 아닌가! 그래도 우울해서 미칠 것 같을 때는 축사 바닥을 파 보지만, 딱딱한 바닥을 아무리 파도 다리만 아플 뿐이다. 옆 축사의 돼지는 지쳐서 사료도 제대로 먹지 못하니 요즘은 주사를 맞는다.

"아니, 욘석들이 요즘 왜 이렇게 발길질을 자꾸 한다냐? 뭐가 그리 불안혀! 자꾸만 발길질을 하니껜 발톱이 요로케 상하는 거여~ 밥 때마다 비싼 사료 먹여 주지, 깨끗하게 청소해 주지, 호랭이한테 물려 갈 일이 있냐, 소가 공격할 일이 있냐, 요로코롬 안전한 집에서 편히 살게 해 주는디 왜들 그려? 얌전히 있으면 다리도 안 아프고, 주사 맞을 필요도 없잖여. 거참, 주사 값도 만만치 않은디……."

주인이 나가자 옆 축사에 있던 다른 돼지가 한마디 한다.

"야, 그냥 맘 편하게 살아. 주인 말도 틀린 건 아니잖아. 어차피 언젠가는 죽을 건데, 우리는 여기서 호강하는 셈이기도 해. 야생에서 살면 매일같이 먹이 구해야지, 또 멧돼지나 다른 짐승들도 경계해야 하고 밀렵꾼이랑 덫도 피해야 하고, 여기가 속 편할 수도 있지."

그런데 바로 다음 날, 그 돼지는 주인에게 쫓겨 밖으로 나가더니 자동차에 실려 어디론가 사라졌다. 주인이 쇠막대를 들고 올 때마다 우리는 모두 긴장한다. 제발 내 축사 문을 열지 않기를……. 머지않아 내 차례도 올 것이다. 그래도 그 돼지는 새끼를 열심히 낳은 덕분에 세 살까지 살았다. 건너편에 있던 새끼 돼지는 새끼를 채 낳기도 전에 나가더니 다시 돌아오지 않았다.

우리 조상들은 열 살이 넘어야 할아버지 할머니 축에 들었다는데, 우리는 한 살도 못 되어 새끼를 낳기 때문에 세 살만 돼도 할아버지 할머니가 된다.

우리는 왜 이렇게 살아야 할까? 우리는 단지 인간들의 배를 채우고 입을 만족시키는 존재에 불과할까? 오늘따라 유난히 잠이 안 온다.

 들여다보기

동물을 대하는 우리의 모습

여러분도 돼지고기를 좋아하나요? 삼겹살 구이도 맛있지만 여러분이 특히 좋아하는 돈가스나 햄버거, 김밥이나 핫도그에 들어 있는 햄, 소시지도 돼지고기로 만들지요. 아, 돼지고기를 넣은 김치찌개도 빼놓을 수 없네요.

여러분은 고기를 먹으면서 '아, 내가 돼지의 시체를 먹고 있구나. 내가 돼지의 몸을 먹고 있구나. 돼지가 나를 위해 희생했으니 고마운 마음으로 먹어야지.' 이렇게 생각하지는 않지요? 고기뿐만이 아니지요. 밥이나 빵을 먹을 때도 '이 벼의 열매인 쌀알이 밥솥에서 죽어 내 입에 들어와 있구나. 오이와 당근을 이렇게 씹으면 얼마나 아프고 고통스러울까?' 이렇게 생각하면서 먹지는 않습니다. 만약 주변에 그런 말을 하는 사람이 있다면 우리는 당장 음식 맛이 떨어진다며 핀잔을 주겠지요.

우리가 고기를 먹는 것은 동물들이 목숨을 유지하기 위해 다른 동물을 잡아먹는 것처럼 자연스러운 일이라고 말할 수 있습니다. 네? 동물은 아픔을 느끼지만 쌀이나 오이, 당근 같은 식물은 동물처럼 아픔을 느끼지 못하기 때문에 고기를 먹어서는 안 된다고요? 네? 식물도 살아 있는 생물이라 마찬가지라고요? 아픔은 못 느낄 수 있지만, 그래도 살아 있는 생물을 뜯고 꺾고 잘라서 먹으니 고기를 먹는 것과 마찬가지라고요?

네. 여러분이 지금까지 한 이야기는 모두 정답일 수도 있고 그렇지 않을 수도 있습니다. 이런 갑론을박은 '고기를 먹어도 되느냐, 안 되느냐' 하는 문제를 가지고 토론할 때 많이 들었던 이야기이기도 하지요. 한국인들이 개고기를 먹는 것을 두고 서양 사람들이 비난을 하거나, 아프리카에서 쥐나 벌레를 먹는 것을 보고 어떤 사람들이 혐오감을 표현할 때 자주 등장하기도 하고요.

그러고 보면 무엇을 먹는 행동에 대해 '옳다', '그르다'라고 단정 지을 때는 좀 더 신중해야 하지 않을까 하는 생각이 듭니다. 그 전에 각자의 입장과 근거를 좀 더 자세하게 찾아볼 필요도 있겠지요.

지금 우리가 생각해 보고자 하는 것은 '고기를 먹어야 하느냐, 말아야 하느냐'의 문제는 아닙니다. 사자가 살기 위해서는 토끼를 잡아먹을 수밖에 없듯이, 우리도 고기를 먹기 위해서는 동물을 죽일 수밖에 없습니다. 토끼가 사자에게 아무 잘못을 하지 않았지만 잡혀 죽을 수밖에 없는 것처럼, 동물이 사람에게 아무 잘못을 하지 않았어도 사람 손에 죽을 수밖에 없습니다. 사람은 잡식 동물이며 고기를 먹을 줄 알고, 채소나 과일보다 고기 먹기를 더 좋아하는 사람들도 많습니다. 고기 먹기를 즐기는 사람이 동물을 죽여 그 고기를 먹는 것은 당연한 자연의 섭리라는 주장은 충분히 설득력이 있습니다.

그런데 사람과 동물이 고기를 먹는 방법에는 상당한 차이가 있습니다. 동물은 자기가 직접 다른 동물을 잡아먹지만, 사람은 그렇지 않지요. 동물을 죽여 고기로 가공하는 사람과 고기를 먹는 사람은 엄연히 다릅니다. 그러니 고기를 사 먹는 사람들은 고기가 어떤 과정을 거쳐 식탁에 오르는지 모르게 되지요. 옛날처럼 자신이 먹을 고기를 직접 키우고, 죽이고, 요리하던 사람들의 생각과 느낌을 가질 수 없게 됩니다. 만약 여러분이 돈가스를 먹기 위해 직접 돼지를 죽여 털과 가죽을 벗기고, 돼지를 토막 내고 고기를 도려내 요리를 한다면, 시장에서 고기를 사서 먹었을 때와 같은 느낌이 들까요? 여러분 중에는 병아리나 강아지를 기르는 친구들도 있을 텐데요. 함께 놀던 강아지를 잃

어버리거나 죽었을 때 몹시 슬펐던 경험을 하고 난 후 고기를 먹지 못하는 친구도 있더군요.

이처럼 시장에서 돈을 주고 구입한 고기와 집에서 키우던 동물에서 얻는 고기, 또 사냥해서 직접 잡은 고기는 그 느낌이 모두 다릅니다. 시장이 없었던 오랜 옛날에는 마을 사람들이 함께 사냥을 해서 고기를 먹었지요. 이들은 자신들이 죽인 동물의 영혼을 위로하는 의식을 치르고 나서 고기를 먹었다는 연구 결과도 있습니다. 우리가 시장에서 구입한 고기를 먹을 때의 고기는 단순한 고기일 뿐이지만, 옛날 사람들에게 그 동물은 우리와 똑같은 영혼을 가진 한 생명체였기에, 그 동물의 혼과 넋을 달래고자 했던 것이지요.

우리는 먹고 싶은 음식이 있으면 돈을 주고 그 음식을 구입하기만 하면 됩니다. 하지만 옛날에는 일일이 농사를 짓고 사냥을 하고 재료를 가공해야 했지요. 여러 사람이 함께 사냥을 해야 하고 사냥을 한다고 무조건 성공하는 것도 아니었기에, 고기를 먹는 것이 그리 쉬운 일이 아니었습니다. 그렇게 세월이 흐르면서 사람들은 점차 편리하게 고기를 먹을 수 있는 방법을 생각하게 되었는데, 그중 하나가 바로 사냥한 동물을 그 자리에서 잡아먹지 않고 키워 새끼를 얻는 것입니다.

그런데 오늘날은 어떤가요? 동물을 키워서 파는 사람과 그 동물을 고기로 가공하는 사람, 고기를 구입하는 사람이 모두 다릅니다. 동물을 시장에 파는 사람들은 더 많은 돈을 벌기 위해 양계장, 양돈장, 목장을 만들게 되었지요. 많은 동물을 한꺼번에 키우는 기술, 동물을 빨리 자라게 하는 방법도 연구하고요. 도축장에서는 대량으로 구입한 소와 돼지, 닭을 빠른 시간에 쉽게 죽이고 숙성해 시장에 팔 수 있는 고기 형태로 가공합니다. 이 과정에서 소, 돼지, 닭은 생명체로 존재하는 것이 아니라 공장의 물건처럼 다루어지지요. 동물들의 몸은 일정한 크기로 가지런히 잘려 똑같은 포장 용기에 담기고, 가격과 무게가 적힌 표가 붙은 채 시장으로 팔려 나갑니다. 가게 진열대 위에 놓인 고기는 어딘가로 팔려 뜨거운 불에서 굽히고 뜨거운 물에서 삶아져 식탁 위에 오르게 됩니다. 이때 먹는 고기는 내가 고생해서 얻은 사냥물도 아니고, 먹이를 주며 키우던 생명체도 아니고, 특별한 날에만 먹을 수 있는 귀한 음식도 아닙니다. 돈만 있으면 언제든지 사 먹을 수 있는 그저 맛난 고깃덩어리일 뿐입니다.

동물에게도 권리가 있을까?

이제는 다른 각도에서 생각해 봅시다. 인간은 생명을 유지하기 위해 음식을 먹어야 하기 때문에, 다른 동물을 죽일 수밖에 없습니다. 동물들도 목숨을 유지하기 위해 다른 동물을 잡아먹으니, 이는 죄라기보다는 자연스러운 행동으로 볼 수밖에 없습니다. 그렇다면 무엇이 문제일까요? 여러분은 '동물이 불쌍하니까 고기를 먹어서는 안 되고, 고기를 선호하는 식성을 가지고 있어도 동물들을 생각해서 참아야 한다'는 주장에 찬성하나요? 반박하고 싶은 점은 없나요? 혹시, 이렇게 생각하는 친구들은 없을까요? '이 논리가 맞긴 하지만 나는 고기를 너무 좋아하기 때문에 고기 없이는 못 살아.'

지금부터는 돼지의 입장에서 한번 생각해 보도록 해요. 돼지는 사람들에게 어떻게 반박하고 싶을까요?

'평생 갇혀서 인간의 먹이로 비참하게 길러지다가 죽을 바엔, 차라리 야생에서 내 마음대로 살다가 호랑이에게 먹혀 죽는 게 낫겠어.'

'인간들이 우리보다 똑똑하고 유능하다고 해서 우리를 이런 식으로 학대해도 되는 거야?'

'인간들아, 우리를 먹고 싶으면 필요할 때만 잡아먹어. 적어도 살아 있는

동안만큼은 우리의 생존권을 함부로 침해하지 말란 말이다! 우리도 인간과 똑같은 생명을 지닌 존재라고.'

어떤가요, 여러분? 돼지의 주장이 타당하다고 생각하나요?

이 주장은 동물들도 살아 있는 동안에는 자신의 본성대로 자연에서 자유롭게 살 권리가 있다는 것을 강조합니다. 거칠고 험한 산이나 바다에서 고생하는 한이 있어도 살아 있는 동안만큼은 인간이 만든 비좁은 사육장에서 지내는 것보다 훨씬 낫다는 것입니다.

이런 반박을 하는 친구가 있을지도 모르겠어요.

"에이, 돼지가 무슨 생각을 해요? 저런 생각까지 할 정도면 처음부터 우리에 갇혀 있지도 않겠지요."

"맞아. 동물들이 저런 생각을 할 만큼 똑똑할 리가 없어요."

"자신의 자유와 권리는 스스로 찾아야 한다면서요. 인간보다 열등해서 자기 권리를 자기가 못 찾으면, 그렇게 살아야지요. 사람이 왜 동물의 자유와 권리까지 찾아 주어야 하나요?"

"동물의 권리 때문에 우리가 고기를 못 먹는다면, 동물들 때문에 인간이 피해를 입는 것은 괜찮다는 건가요?"

이런 생각에는 사람이 동물보다 우월한 존재이니 동물을 마음대로 이용해도 된다는 전제가 깔려 있답니다. 인간이 동물의 권리와 복지를 어디까지 배려해 주어야 하느냐는 문제도 함께 제기하고 있네요. 이런 생각을 가진 사람들은 다음과 같은 상황이 발생했을 때 자기주장을 더욱 뚜렷하게 하게 됩니다.

이번에는 다음과 같은 상황을 가정해 봅시다.

난치병에 걸린 환자를 위해 의약품을 개발하게 되었습니다. 새로운 약이 얼마나 효과가 있고 부작용은 어느 정도인지 조사하기 위해 동물에게 실험하게 되었습니다. 이 실험에 동원되는 동물은 우선 병에 걸리도록 주사를 맞거나 수술을 받은 다음, 병에 걸리면 그 약을 먹거나 주사를 맞습니다. 다행히 그 약이 좋으면 병이 낫겠지만 효과가 없다면 죽겠지요. 또 부작용이 생겨 고통을 받거나 죽을 수도 있습니다. 그렇다면 사람의 병을 고치기 위해 이런 실험을 계속해야 할까요, 아니면 실험에 동원되는 동물의 부당한 고통과 죽음을 막기 위해 하지 말아야 할까요? 여러분은 인간의 건강과 복지를 위한 동물 실험은 어쩔 수 없다고 생각하나요, 아니면 인간의 이익을 위해 죄 없는 동물을 희생시킬 수는 없다고 생각하나요?

많은 사람들은 인간이 동물보다 우수하고, 불치병 환자들을 위해 약을 개발하는 것은 인간의 당연한 의무이며, 아픈 사람들을 낫게 하고 싶은 인류애를 발휘하는 것은 인간의 본성이자 도덕적인 일이기 때문에 동물을 희생시키는 것은 당연하다고 주장합니다. 그러나 동물도 생명을 지닌 존재이자 자연의 구성원으로서 나름의 권리와 복지를 누릴 권리가 있으므로 그런 일을 저질러서는 안 된다고 주장하는 쪽도 있습니다. 강한 자가 약한 자를 괴롭히는 것 자체가 비도덕적이라는 것이지요. 자, 이 문제를 어떻게 해결해야 할까요?

1 돈가스, 햄버거, 불고기, 핫도그, 치킨 같은 음식들을 떠올려 봅시다.
   - 이런 음식을 먹을 때 여러분은 어떤 생각을 하나요?
   - 이런 음식을 먹을 때 고기가 한때 살아 있는 생명체였다는 생각을 한 적이 있나요?
   - 소, 돼지, 닭과 같은 동물들이 어떤 과정을 거쳐 우리 식탁에 오르는지 이야기해 봅시다.

2 인간은 고기를 먹어도 된다고 생각하나요, 아니면 먹지 말아야 한다고 생각하나요?
   - 먹어도 된다면 그 이유는 무엇인가요?
   - 먹어서는 안 된다면 그 이유는 무엇인가요?
   - 먹어도 된다면 어느 정도까지 허용할 수 있다고 생각하나요? 그 이유는 무엇인가요?

3 고기를 먹기 위해 동물을 키우는 일을 허용해야 한다고 생각하나요, 허용해서는 안 된다고 생각하나요?
   - 동물을 키워도 된다면, 어느 정도의 규정이 필요하다고 생각하나요? 필요하다면 어떤 규정을 만들어야 한다고 생각하나요?
   - 동물을 키워서는 안 된다고 생각한다면, 찬성하는 사람들을 어떻게 설득할 수 있을까요?

4 동물도 인간처럼 고통을 느낀다고 생각하나요?
 - 고통을 느낀다면, 사람의 고통과 동물의 고통 중 어느 쪽을 더 우선시해야 한다고 생각하나요?
 - 인간의 고통을 덜기 위해 동물을 가지고 실험하는 것을 찬성하나요, 반대하나요? 그렇게 생각한 까닭은 무엇인가요?

5 동물에게도 권리가 있다는 주장에 대해 여러분은 어떻게 생각하나요? 그렇게 생각한 이유는 무엇인지 이야기해 봅시다.
 ① 동물들 각자가 가진 능력만큼 자유와 권리를 누릴 수 있다.
 ② 동물과 사람 모두 동등한 생명체이므로 똑같은 자유와 권리를 누릴 수 있다.
 ③ 동물과 사람은 생각하는 힘은 달라도 모두 고통과 감정을 느끼므로 자유과 권리가 있다.
 ④ 동물에게는 권리가 없다.
 ⑤ 동물에게도 권리가 있지만 인간의 권리보다는 덜 중요하다.

6 동물에게도 권리가 있다면 그 권리는 누가 지켜야 할까요? 동물들 스스로 지켜야 한다고 생각하나요, 아니면 사람들이 배려해 주어야 한다고 생각하나요?

10. 동물이 인간에게 주는 것, 인간이 동물에게 주는 것

동물이 우리 인간에게 준 것이 있다면 우리는 동물에게 무엇을 줄 수 있을까? 우리가 동물에게 양보할 것이 있을까? 동물과 인간은 서로 소통하며 배려할 수 있을까?

인애의 동물 사랑

"엄마, 이모 왔어요!"

벨이 울리자 인애가 인터폰을 확인하더니 들뜬 목소리로 엄마를 부르며 현관으로 달려갔다.

"얘들아, 이모 왔어~ 인성이랑 인애, 잘 지냈니? 너희들, 벌써 숙녀가 다 되었구나. 아주 예뻐졌네."

오랜만에 인애의 집에 놀러 온 이모가 거실로 들어서며 인성이와 인애에게 다정하게 말을 건넸다. 이모는 소파에 앉자마자 들고 온 쇼핑백 몇 개를 살피더니 인성이와 인애에게 건넸다.

"인성아, 인애야. 자~ 이모 선물이야. 받아."

"캐나다 갔다 오더니, 그새 뭘 또 산 거야?"

엄마가 과일을 담은 접시를 이모 앞에 내려놓으며 쇼핑백 안을 살폈다. 인성이는 생각도 못했던 선물을 받고 입이 귀에 걸려, 콧소리를 내며 이모에게 애교를 부렸다.

"우와~ 이모 고마워요. 올 초에 봤을 때보다 훨씬 예뻐지신 것 같아요. 히히. 와~ 그런데 이모 옷 진짜 특이하고 멋있다. 이게 뭐예요? 촉감도 아주 부드러운데요."

"호호, 네가 보기에도 멋져 보이니?"

"너 이번에도 옷 산 거야? 지금 있는 옷도 다 못 입는 애가, 그렇게 비싼 것을 뭐 하러 또 사?"

자타공인 짠순이 여사인 엄마는 이모 옷을 보자마자 또 잔소리를 하신다.

"이거 별로 안 비싸, 언니. 캐나다에서는 모피가 얼마나 싼지 여기의 반값밖에 안 돼. 그래서 간 김에 하나 사 입었어. 괜찮지?"

이모는 모피를 쓰다듬더니 소파 위에 얌전히 개켜 놓고, 인애를 바라보았다.

"그런데 인애는 이모 선물이 마음에 안 드니?"

말없이 모피를 바라보고 있던 인애는 그제야 정신을 차리고 이모를 바라보았다.

"응? 아, 아니, 멋있어, 멋있긴 멋있어요, 이모. 그런데……."

"그런데 왜? 인애 눈에는 이 옷이 아무래도 이상해 보이는구나."

"아, 아녜요. 그냥……. 연예인들이 텔레비전에 입고 나오던 옷을 직접 보니까 좀 놀라서 그래요."

인애는 이모가 모피 옷을 자랑스러워하는 모습을 보고 얼른 표정을 바꾸어 미소를 지었다. 이모는 다시 생글생글 웃으며 다른 쇼핑백을 들더니, 안에서 뭔가를 꺼내 인애 엄마에게 내밀었다.

"언니, 이건 언니 주려고 사 왔어."

"내 것도 있어? 뭔데? 어머, 영양크림이네. 이것도 비쌀 텐데, 너 돈 너무 많이 쓴 건 아니니?"

"아휴, 언니! 이제 돈 이야기는 좀 그만해. 이 크림은 부작용 검사를 철저히 해서 정말 안전하대. 그러니까 아끼지 말고 잘 써."

"부작용 검사요? 그게 뭐예요, 이모?"

"음. 부작용 검사는 쥐나 원숭이 같은 작은 동물에게 미리 실험을 하는 거란다. 제품을 팔기 전에 사람에게 얼마나 안전한가를 검사하는 거지."

"아, 그렇구나……."

인애는 이모에게 물어보고 싶은 것이 많았지만 왠지 지금은 이야기하면 안될 것 같아 참기로 했다.

저녁 식사 후, 이모가 댁으로 돌아가시자 인애는 잠자리에 들 준비를 하다가 문득 생각난 듯이 인성이에게 말을 건넸다.

"언니, 언니는 이모의 모피 코트가 정말 멋있게 보였어?"

"당연하지. 왜? 너는 별로였어? 모피는 부의 상징이잖아. 너도 아까 만져 봤지? 비단처럼 부드러웠잖아. 털도 보송보송하고."

인성이는 모피를 떠올리며 신이 나서 이야기했지만, 인애는 얼굴을 찌푸렸다. 바로 전날, 인터넷에서 모피 옷을 입지 말자고 세계 여러 나라

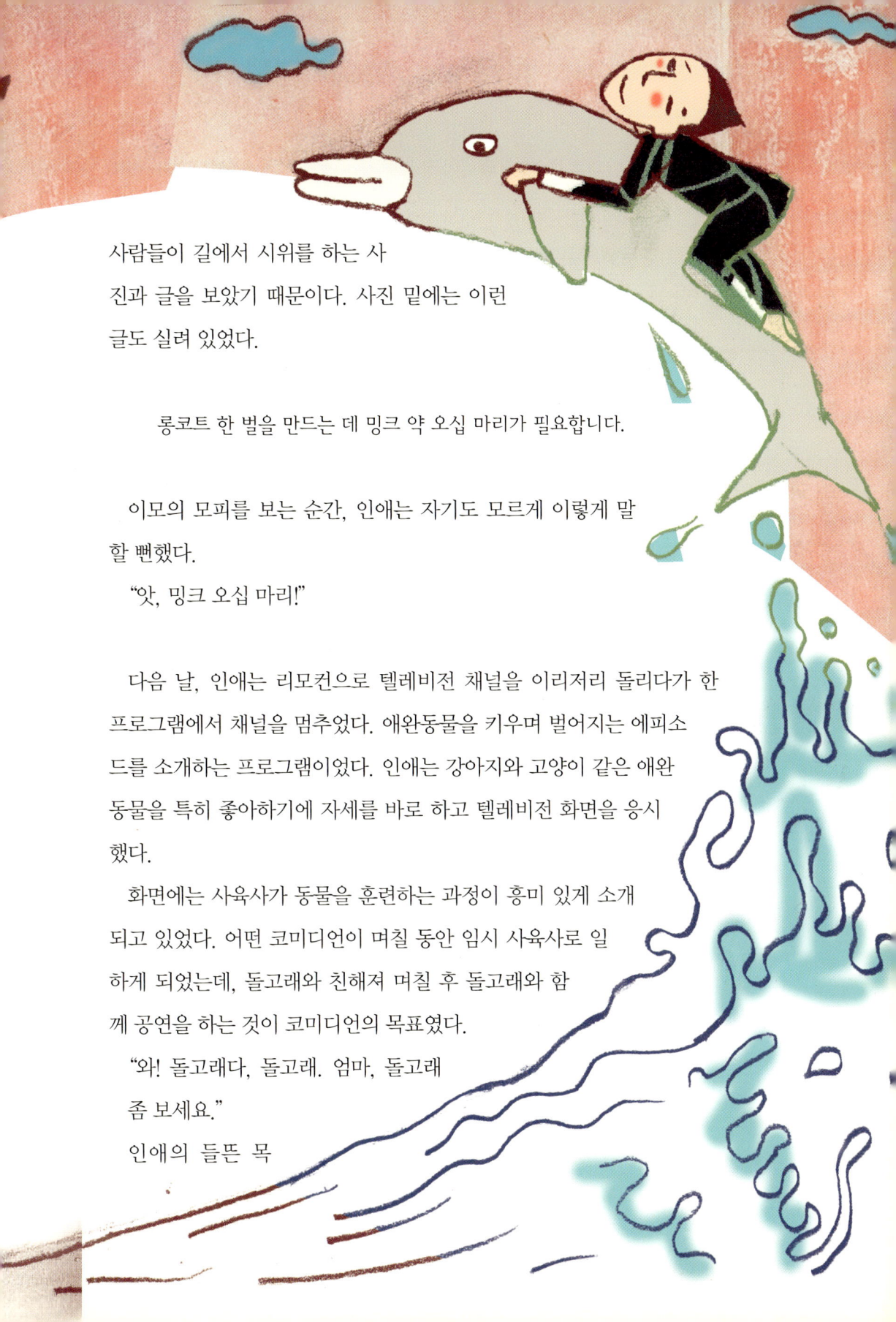

사람들이 길에서 시위를 하는 사진과 글을 보았기 때문이다. 사진 밑에는 이런 글도 실려 있었다.

롱코트 한 벌을 만드는 데 밍크 약 오십 마리가 필요합니다.

이모의 모피를 보는 순간, 인애는 자기도 모르게 이렇게 말할 뻔했다.
"앗, 밍크 오십 마리!"

다음 날, 인애는 리모컨으로 텔레비전 채널을 이리저리 돌리다가 한 프로그램에서 채널을 멈추었다. 애완동물을 키우며 벌어지는 에피소드를 소개하는 프로그램이었다. 인애는 강아지와 고양이 같은 애완동물을 특히 좋아하기에 자세를 바로 하고 텔레비전 화면을 응시했다.

화면에는 사육사가 동물을 훈련하는 과정이 흥미 있게 소개되고 있었다. 어떤 코미디언이 며칠 동안 임시 사육사로 일하게 되었는데, 돌고래와 친해져 며칠 후 돌고래와 함께 공연을 하는 것이 코미디언의 목표였다.
"와! 돌고래다, 돌고래. 엄마, 돌고래 좀 보세요."
인애의 들뜬 목

소리에 옆에서 만화책을 보던 언니와 소파에서 꾸벅꾸벅 졸던 아빠도 텔레비전으로 시선을 돌렸다. 부엌에서 바쁘게 일하시던 엄마도 "알았어, 알았어" 하며 하던 일을 멈추고 거실로 나오셨다.

매끈한 몸매의 돌고래가 물살을 가르며 수영을 하다가 무대 쪽으로 오더니, 얼굴을 쑥 내밀고는 사육사를 바라보았다. 작은 눈을 동그랗게 뜨고 입을 벌렸다가 오므리는 모습이 마치 애교를 부리는 듯, 귀엽기 그지없었다.

"아, 너무 귀여워!"

아니, 그냥 귀엽기만 한 게 아니었다. 기특하고 대견스럽고 신기하고……. 인애는 두 손으로 쿠션을 움켜쥐며 어쩔 줄 몰라 했다. 코미디언 사육사가 능숙한 손짓으로 신호를 보내자 돌고래는 휙 돌며 잠수를 하더니 두 번씩이나 공중으로 점프하는 재주를 선보였다. 그러더니 또다시 무대 쪽으로 다가와 사육사가 주는 생선을 받아먹고, 사육사 손에 입을 맞추었다. 수영을 하다가도 사육사가 신호를 보내면 공을 주고받고, 또 커다란 훌라후프 안으로 뛰어넘기도 하며 놀라운 묘기를 선보였다. 마침내 돌고래와 사육사가 나란히 수영을 하더니 사육사가 돌고래 등 위에 올라타자, 둘이 한 몸이 된 것처럼 멋지게 수영을 하는 것이 아닌가! 감탄이 절로 나오는 장면이었다.

"와아!"

임시 사육사가 된 코미디언은 처음에는 돌고래와 호흡이 맞지 않아 애를 먹었다. 돌고래에게 먹이를 주며 전문 사육사에게 배운 신호를 사용해도 돌고래는 번번이 신호를 무시하고 딴짓만 했다. 코미디언의 신호에는 끄떡도 안하던 녀석이 전문 사육사의 신호에는 언제 그랬냐는 듯 착하고 똑똑한 돌고래로 변신하여 묘기 연습을 척척 해내니 이를 보는 코미디언은 애만 바싹바싹 탈 뿐이었다. 그래도 다시금 마음을 다잡고 돌고래와 신호를 주고받고 이를 한 번이라도 해내면 먹이를 주고 아낌없이 칭찬하며 쓰다듬고 만져 주었다. 그러기를 며칠, 어느 날 돌고래가 마음을 열었는지 코미디언의 신호에 척척 묘기를 해내는 것이 아닌가! 코미디언의 꿋꿋한 마음과 칭찬 전략이 돌고래에게 신뢰를 준 것이라는 전문 사육사의 해설이 이어졌다. 이어서 코미디언은 물속에서 돌고래와 함께 어울리는 연습도 해야 했다. 코미디언은 최선을 다하려 했으나 물속에 있는 것도, 돌고래 등에 올라가는 것도 모두 어렵기만 했다. 하지만 전문 사육사들의 도움을 받으며 수없이 연습한 끝에 함께 수영하는 데 성공한 것이다. 공연이 끝나자 코미디언은 물 밖으로 나오더니 더듬더듬 이렇게 말했다.

"돌고래가…… 돌고래가 저에게…… 맞춰 준 거예요. 제가…… 돌고래와 서로…… 마음이 통하고 있었어요."

인애는 온몸에 소름이 돋는 것을 느꼈다.

동물과 사람은 어떤 관계일까?

여러분은 '동물'이라는 말을 들으면 어떤 생각부터 드나요? 네? 고기가 먹고 싶다는 생각부터 든다고요?

'동물'이라는 말에는 매우 다양한 동물들이 포함되기 때문에 한 가지로 답하기는 어렵습니다. 그럼 동물에 대해 이야기하기 전에 우선 동물들을 분류해 볼까요? 아래의 분류 기준을 보고, 여러분만의 분류 기준을 만들어 보세요.

- 키우고 싶은 동물
- 무서워서 도망가고 싶은 동물
- 이 세상에 없었으면 좋겠다고 생각하는 동물
- 맛있는 음식이 생각나는 동물
- 사랑해 주고 돌보아 주고 싶은 동물
- _____ 동물

이번에는 각 분류에 해당하는 동물들에는 어떤 것들이 있는지 이름을 써 볼까요? 첫 번째와 다섯 번째처럼 좋은 느낌이 드는 동물이 많은가요? 아니면 부정적인 느낌이 드는 동물이 더 많은가요? 부정적인 느낌이 드는 동물이 많다면, 그 이유는 무엇 때문일까요?

해로운 동물, 얄미운 동물

먼저, 없애 버리고 싶거나 가까이 가고 싶지 않은 동물들을 생각해 봅시다. 왜 없애 버리고 싶을까요? 그 동물이 이유 없이 미워서라기보다는 사람들에게 피해를 주기 때문이겠지요. 농사는 하루아침에 뚝딱 짓는 것이 아니라 1년 내내 노심초사하는 마음으로 새벽부터 밤까지 땀 흘려 일하면서 짓는 것입니다. 이렇게 열심히 가꾼 논과 밭에서 다 익은 곡식과 열매를 거두기도 전에 참새나 까치들이 다 먹어 버리고, 멧돼지나 산짐승들이 밭을 다 헤쳐 놓고 농작물을 먹어 치우면 얼마나 미울까요? 그 농작물은 농민들의 전 재산인데 말이에요.

그래도 농작물을 병들게 하는 벌레들은 약으로 죽일 수 있도록 나라에서 허용하지만, 새나 동물은 보호해야 하는 귀한 재산으로 규정하기 때문에 농부들이 애만 태우는 경우가 있습니다. 아프리카에 사는 어떤 마을의 농민들은 밭을 일구어 농사를 짓는데, 코끼리가 밭을 다 망치고 가도 정부에서 코끼리를 죽이지 못하게 하기 때문에 고민하는 경우도 있다고 하네요.

이런 예들을 보면 사람보다 동물 보호가 더 중요한가? 사람이 동물보다 못한 대우를 받아야 하나? 싶은 생각이 들어 화가 나기도 합니다. 더구나 피해를 보는 사람들의 대부분은 가난한 농부들이니까요.

어떤 사람들은 그렇게 동물만 보호하면 동물들의 수가 점점 많아져서 멧돼지나 늑대, 곰 같은 산짐승들이 사람들을 물거나 공격할 수도 있다고 우려합니다. 사실 몇 십 년 전만 해도 호랑이나 곰, 늑대 때문에 사람들이 두려움에 떠는 경우가 많았지요. 밤에 산짐승이 내려와 닭이나 오리 등을 잡아먹는 일도 아주 많았고요. 그래서 옛날이야기나 전래동화를 보면 호랑이를 잡으면 원님이나 임금님이 큰 상을 내리는 이야기가 많이 나옵니다. 그러니 동물 보호, 자연 보호도 좋지만 사람에게 피해를 주는 동물은 사냥이나 덫으로 죽여도 괜찮다고 생각하는 의견이 있습니다. 이런 주장을 하는 사람들은 오히려 사냥은 사람을 살리기 위해 하는 일이니 도덕적으로도 좋은 일이라고 말하기도 합니다.

한편, 사람들에게 심각한 병을 옮기기 때문에 죽이거나 없애고 싶은 동물들도 있지요. 예전에 쥐가 페스트라는 전염병을 퍼뜨려 유럽 전체에서 엄청나게 많은 사람들이 처참하게 죽은 일이 있답니다. 이처럼 쥐나 모기, 또는 나무나 사람이 먹는 식물을 죽게 만드는 벌레와 나방, 바퀴벌레 같은 징그러운 동물은 모든 사람들이 이 세상에서 사라졌으면 좋겠다고 생각하지요. 그래서 살충제나 농약을 발명하기도 했습니다.

그런데 나쁜 벌레, 즉 해충을 죽이려고 약을 열심히 뿌렸더니, 이런 동물의 수는 많이 줄었지만 요즘은 이런 약보다 훨씬 강한 벌레가 나타나고 있습니다. 또 이러한 벌레를 잡아먹고 사는 새들도 점점 줄어들고 있지요. 새가 죽는 게 왜 문제일까요? 나중에 또 다른 해충이 생겨났을 때 이 해충을 잡아먹을 새가 없기 때문이지요. 그러면 인간은 또다시 강력한 약을 발명해야 하는데, 이렇게 개발된 약들이 벌레만 죽이는 것이 아니라 사람이나 다른 동물들에게도 해로운 영향을 많이 준답니다. 결국 사람들의 마음에 들지 않는 동물을 죽이려고 한 행동이, 사람에게 도움이 되는 동물을 멸종시키거나 지금의 해충보다 훨씬 더 강력한 해충을 생기게 하는 원인이 되기도 하는 것이지요.

사람에게 필요한 동물실험

우리는 동물들의 덕을 참 많이 보면서 살아갑니다. 우리가 좋아하는 고기 반찬은 물론이고 늘 신고 다니는 신발과 가방도 동물의 가죽으로 만들지요. 지갑이나 핸드폰 장식품 같은 장식품에도 가죽을 많이 씁니다.

이런 것들은 눈에 보이지만, 눈에 보이지 않게 우리가 동물들의 도움을 받는 경우는 아마 훨씬 많을 겁니다. 우리가 매일 바르는 로션이나 약의 원료를 얻기도 하고, 새로 개발한 약이나 화장품의 효과와 부작용을 알아보는 실험도 동물에게 먼저 합니다. 암 같은 무서운 병을 치료하는 약을 개발하면, 실험용 쥐나 토끼에게 암에 걸리도록 한 다음 새로운 약을 먹이거나 주사를 놓습니다. 그래서 별다른 이상 없이 암이 치료되면 성공하는 것이고, 암이 치료되지 않거나, 더 악화되거나, 암은 치료되지만 다른 이상한 증상이 나타나면 그 동물은 죽을 수밖에 없습니다.

물론 이러한 실험은 나라에서 법으로 허용하기 때문에 가능하지만, 때로는 불법으로 실험을 감행하는 경우도 있답니다. 곰의 쓸개나 호랑이 뼈가 몸에 좋다는 식의 소문이 떠돌면서 어떤 동물은 밀렵꾼이나 불법 사육사에 의해 희생되기도 하지요. 가난한 나라에서는 먹을 것이 없으면 야생 동물을 잡아 고기도 먹고 가죽이나 털을 팔아서 생활하기도 합니다. 이러한 방식으로 동물들이 희생되는 바람에 인기 있는 동물들은 희귀종이 되기 쉽다고 해요.

그런데 이런 일들과, 동물들이 다른 동물들을 잡아먹는 일은 결국 마찬가지가 아닐까요? 사람들도 건강하게 살기 위해 고기를 먹고 동물을 실험에 사용하잖아요? 동물이 다른 동물의 가죽이나 뼈를 사용하거나 실험 대상으로 삼지 않는 것은, 동물들에게 그럴 능력이 없기 때문이라고 주장할 수도 있습니다. 그렇다면 동물들이 하는 행동과 사람들이 하는 행동은 다를 게 없겠지요. 유독 사람만 나쁘다고 할 수는 없지 않을까요?

지구에는 수많은 동물들이 살고 있는데, 몇 가지 품종이 사라진다고 해서 그게 큰 문제가 될까요? 공룡은 인류가 태어나기 전에 멸종했는데, 그건 사람들 때문이 아니잖아요. 사람들이 괴롭히지 않아도 어차피 지구에는 멸종하는 동물이 생기게 마련이고, 또 어떤 종이 사라졌다가 새로운 종이 탄생하는 것이 자연의 이치이니, 이를 문제 삼을 필요는 없다는 주장이 있답니다.

그런데 어떤 사람들은 이런 주장에 대해 다음과 같이 반박하기도 합니다. '동물은 배가 고플 때, 즉 필요할 때만 사냥을 할 뿐, 사람들처럼 재미를 위해 동물을 공격하지는 않는다.'

오락을 위해 동물을 사용하는 경우는 어떤 경우일까요? 동물원이 가장 먼저 생각나네요. 동물원이나 수족관을 만들고 저 멀리 아프리카나 바닷속에서 사는 동물을 데려와 사람들에게 구경을 시키는 것이지요. 심지어 동물들을 훈련시켜서 여러 가지 재롱으로 사람들에게 즐거움을 제공하게 하기도 합니다.

"동물원에서는 동물들이 살던 환경과 똑같은 환경을 만들어 주고 먹이도 주는데, 그것은 동물들을 못살게 구는 것이 아니잖아요?"

이렇게 의문을 제기하는 친구들이 있겠지요. 그러나 동물 단체들의 주장을 들어 보면, 전 세계의 동물원들 중 몇 곳을 제외하고는 동물원에서 사는 동물들이 동물다운 대우를 받지 못한다고 합니다. 동물원의 가장 큰 목적이 사람들에게 신기한 동물을 구경시키고 돈을 버는 것이니, 동물원의 동물들은 창살이나 유리로 된 좁은 우리 안에 갇혀서 사육사가 주는 먹이만 먹으면서 살아갈 수밖에 없지요. 여러 가지 동물들을 한곳에 모아 놓았으니 그 수많은 동물들을 관리하려면 엄청난 지식과 돈이 필요합니다. 추운 나라에서 온 동물, 낮에는 무덥고 밤에는 추운 사막에서 온 동물, 무덥고 습한 정글에서 갖가지 곤충과 열매를 먹고 사는 동물, 넓고 깊은 바다를 마음껏 헤엄쳐 다니는 동물, 바다와 육지를 왔다 갔다 하며 체온을 조절하거나 철에 따라 이동하는 동물……. 이렇게 다양한 기후와 환경을 동물원에서 모두 완벽하게 맞출 수는 없겠지요. 결국 동물원은 동물원일 뿐 그 동물이 살아가는 야생의 환경과 완전히 똑같을 수는 없답니다. 그래서 동물원에서 사는 동물들은 자연에서 사는 야생 동물보다 수명이 짧다고 해요. 동물원에 다양한 시설을 갖추고 유지하려면 엄청난 돈이 필요하기 때문에 많은 돈을 벌기 위해 동물들에게 훈련을 시켜 볼거리를 제공한다고도 합니다.

물론 야생 동물에게도 여러 가지 힘든 환경은 있을 수 있습니다. 그들은 사람의 보호를 받지 못하는 대신 언제 적에게 먹히거나 폭풍과 홍수, 가뭄과 지진 같은 자연재해로 희생될지 모르기 때문이지요. 하지만 야생 동물들은 타고난 본성대로 자유롭게 살다가 죽지만, 동물원의 동물들은 인간의 욕심으로 왜곡된 삶을 살다가 여러 가지 스트레스로 인해 질병에 걸려 죽는 경우가 많습니다. 바로 이것이 인간의 죄라고 지적하는 것이지요.

인간의 욕심 때문에 죄 없고 힘없는 동물들이 불쌍하게 희생되는 것은 아닌지, 환경이 점점 오염되고 기후가 바뀌는 것이 인간의 이기심 때문은 아닌지 많은 사람들이 우려하는 것도 이 때문이랍니다.

사람을 위한 동물 보호는 보호가 아니다

지금까지 우리가 이야기했던 동물 보호는 모두 진정한 동물 보호가 아니라는 주장도 있습니다.

이런 주장을 하는 사람들은 '어쨌든 사람들이 잘살기 위해 사람의 이익 때문에 동물을 보호해야 한다는 것인데 이것이 과연 동물을 보호하는 것인가?'라는 의문을 제기합니다. 우리가 무엇을 보호한다는 뜻은 그 무엇이 잘되도록 해 준다는 뜻이지, 그가 잘되어서 내가 그를 이용한다면 속 보이는 거짓 보호라는 것이죠.

동물만이 아니라 더 나아가 조그만 벌레나 식물, 심지어는 이 세상에 생명이 없는 바위나 강물도 있는 그대로 자연스럽게 잘 놔두어야 그들 자체를 위한 진정한 보호라고 할 수 있습니다. 우리가 그들을 보호한답시고 잘 돌봐 준다는 것이 오히려 그들의 본성을 망가뜨리는 결과를 빚게 된다는 겁니다.

예를 들어 봅시다. 우리나라에는 오랜 옛날부터 반달곰이 살고 있었습니다. 하지만 오늘날에는 점차 사라지고 있지요. 이 반달곰이 우리나라에서 다시 살아가도록 만들려고 외국에서 새끼 반달곰 몇 마리를 들여왔습니다. 일종의 자연환경 되살리기에 속하는 프로젝트였습니다. 그 새끼 곰들은 너무 어리기 때문에 산속에 그냥 풀어 놓으면 생존하고 적응하는 방법을 몰라 금방 목숨을 잃게 되므로 보호소에서 돌보며 키웠습니다. 반달곰들을 기르기 위해 먹이와 환경을 맞춰 주느라 사육사와 연구원들의 어려움이 컸습니다. 어미 곰의 젖이나 어미 곰이 자연에서 새끼를 키우면서 먹이는 음식과 사육사가 제공하는 음식이 다르니 새끼 곰들 중에는 설사를 해서 죽는 경우도 있었습니다. 마침내 어느 정도 키워서 나무 타는 솜씨도 꽤 능숙하고 나무 열매 등을 따 먹을 줄도 알게 되자 활동 공간인 우리의 크기를 조금씩 넓혔고, 마침내 산속에서 야생으로 살아갈 준비가 다 됐다고 여겨 풀어 주었습니다. 그런데 어려서부터 사람의 손으로 돌보다 보니 그중 한 마리는 사람만 보면 다가와 먹이를 얻으려 하는 것이었습니다. 그 새끼 곰은 야생에서 사는 것보다 사람과 함께 사는 것을 더 편안하게 느껴 사람 곁에서 살고 싶어 했던 것이죠.

그렇다면 사람들은 그 곰을 잘 보호한 것일까요? 곰이 사람 곁에서 먹이를 구걸하며 살아간다는 것은 곰다운 생활을 하지 못하는 비정상 곰이 되었다는 뜻이 아닐까요? 이런 비슷한 예들을 여러분도 텔레비전을 통해 많이 보았을 것입니다. 어미를 잃고 갓 부화한 어린 새를 잘 보살펴 주었더니 그 새는 돌보아 준 사람만 졸졸 따라다니며 그 사람이 주는 먹이만 먹고 그 사람과 함께 생활하는 경우 말이에요. 어떤 염소는 약하게 태어나 금방 죽을 것 같아서 다른 염소들과 우리에서 함께 키우지 않고 주인이 방에서 돌봐 주었더니, 조금 성장한 후에 염소 우리에 넣어도 다른 염소들이 공격하며 따돌리는 바람에 결국 주인이 그 염소를 우리에서 빼내야 했습니다. 이런 여러 경우들을 보면 사람이 돌봐 준 결과, 오히려 그 동물에게 동물다운 대우를 해 주지 못한 셈이 되었다는 것을 알 수 있습니다. 즉, 그 동물이 가진 고유한 본성을 살려 주지 못해 결국 그 동물이 진정한 행복을 누리는 데 방해가 되었다고 볼 수도 있습니다.

그렇다면, 우리 인간이 동물에게 보살핌의 손길을 주는 것조차도 해가 되는 마당이니 동물뿐 아니라 다른 존재를 인간의 이익을 위해 이용하는 일에도 보호라는 말을 붙여서는 안 되는 게 아닐까요?

"우리가 우리를 위해서가 아니라면 왜 다른 존재들의 안전까지도 신경 써야 한단 말인가?"

"다른 존재들은 우리 인간을 신경 써 주지 않는데, 우리가 왜 그들을 어떻게 보호할 것인가에 대해서까지 신경 써야 하는가?"

"그들이 인간과 소통할 능력이 없어서 자신의 안전을 스스로 보호하지 못한다면 당할 수밖에 없지 않은가?"

"그들도 자기 먹이를 구하기 위해 사람이 만들어 놓은 것을 망치는 경우도 있지 않은가?"

"바위산이나 강물을 그대로 두어 홍수나 폭우로 여러 사람이 한꺼번에 목숨을 잃는다 해도, 자연을 있는 그대로 두는 보호를 해야 한단 말인가?"

여러분은 이렇게 반박하고 싶을지도 모르겠어요. 그렇다면 여기서 계속 여러 가지 질문들을 던져 봅시다.

다른 존재가 우리와 소통하지 못한다고 해서 그들의 능력이 우리보다 낮다고 할 수 있을까요? 우리는 과연 그들과 소통을 하지 못한다고 할 수 있을까요? 과연 우리 인간이 이 세상의 자연물들을 이용할 수 있는 권리는 어디까지일까요? 인간도 자연의 일부라면 인간이 하는 모든 행동들도 자연스러운 것이 아닐까요?

 생각해 보기

1 여러분은 동물을 좋아하나요, 싫어하나요?
 - 여러분은 어떤 동물을 좋아하며 그 이유는 무엇인지 이야기해 봅시다.
 - 여러분은 어떤 동물을 싫어하며 그 이유는 무엇인지 이야기해 봅시다.

2 멧돼지나 새들이 농작물에 피해를 준다면, 이 동물들을 어떻게 해야 한다고 생각하나요?
 - 죽여도 된다면, 그렇게 생각한 이유는 무엇인지 이야기해 봅시다.
 - 살려 주어야 한다면, 그렇게 생각한 이유는 무엇인지 이야기해 봅시다.

각각의 주장에 대해 근거가 될 수 있는 관련 정보들을 더 조사해 보고 그 사실을 활용하여 이야기해 봅시다.

3 동물원에 살던 맹수가 어느 날 사육사에게 큰 상처를 입혀서 생명이 위독하게 되었다면, 이 맹수를 어떻게 해야 할지 여러분의 생각을 이야기해 봅시다.

4 아래 내용을 보고 각 동물을 어떻게 대하는 것이 올바른 대우라고 생각하는지 여러분의 의견을 이야기해 봅시다.

> - 밤나무깍지벌레: 밤나무의 수액을 빨아먹는 매미
> - 원숭이 학교: 새끼 원숭이들이 어릴 때부터 사육사와 함께 생활하면서 훈련 받은 재주를 선보이는 원숭이 공연 전문 프로그램
> - 맹인 안내견: 맹인들에게 길을 안내하는 전문 안내견으로, 태어나자마자 여러 가지 훈련을 받으며 길러진다.
> - 코끼리 트래킹: 관광지에서 관광객을 태워 주고 돈을 버는 대가로 주인의 보살핌을 받는 코끼리
> - 마약 탐지견: 공항 등에서 마약을 찾기 위해 새끼 때부터 선발되어 훈련받은 개. 주로 성품이 온순하고 집중력이 뛰어난 개들이 뽑힌다.
> - 물개 쇼: 새끼 물개들이 사육사에게 일정한 훈련을 받은 뒤 동물원 등에서 공연하는 프로그램
> - 낙타: 사막에서 살며 주로 짐을 나르는 데 동원된다.
> - 썰매견: 알래스카 등 추운 지방에서 사람을 태운 썰매를 끌고 다니는 개

5 여러분은 인간이 동물을 어떻게 대해야 한다고 생각하나요?

- 사람이 동물보다 더 중요하다고 생각하나요? 그렇다면 그 이유는 무엇 때문인가요?
- 사람과 동물이 동등한 대접을 받아야 하는 부분이 있다면, 어떤 부분이라고 생각하나요?
- 사람과 동물은 서로 어떤 관계를 맺어야 한다고 생각하나요?

11. 과학 기술의 두 얼굴

과학 기술의 발달로 우리가 얻은 혜택은 무엇일까? 과학 기술 때문에 우리가 잃고 있는 것은 없을까?
과학 기술에서 우리가 얻는 혜택과 잃는 손실이 있다면 그 원인은 과학 기술 때문일까?

눈 속에 갇힌 하루

"안녕! 다음 주에 봐."

시험이 끝난 아이들은 오랜만에 주말에 실컷 놀 것을 생각하며 들뜬 마음으로 학교를 나섰다. 정훈이도 느긋한 마음으로 오랜만에 지석이, 진우와 함께 집으로 향했다.

"시험도 끝났는데, 이번 주말에 뭐할 거야?"

정훈이의 질문에 지석이가 대답했다.

"아버지가 설악산에 가자고 하셔서 오늘 오후에 바로 출발할 거야. 너는?"

"우리 가족도 오늘 저녁에 놀러 가기로 했는데, 좀 이상한 데로 간대."

"이상한 데? 어딘데?"

"아버지가 옛날에 봐 둔 시골집. 그런데 마을에 온통 빈집밖에 없대. 전기도 없고 수도도 없어서 촛불 켜고 우물물을 길어서 먹어야 한대. 화장실도 밖에 있는데 똥이 훤히 보이고. 웩! 그런 곳엘 왜 가는지 몰라."

"크크. 엄청 고생하겠네."

"난 솔직히 놀러 가는 거 귀찮기만 하더라. 집에서 오랜만에 컴퓨터나 실컷 하면서 놀아야지."

설악산에 간다는 지석이나 집에서 편하게 놀 거라는 진우는 밝은 얼굴이었지만, 정훈이는 내심 걱정스러운지 우울한 표정을 감추지 못했다.

"아직 시간도 얼마 안 됐는데 왜 이렇게 밝은 거야……."

전날 늦게까지 게임을 하느라 몹시 피곤했지만 진우는 일찍 일어날 수밖에 없었다. 아직 이른 시간인데도 불구하고 밖이 대낮처럼 밝게 빛나고 있었기 때문이다. 커튼을 여는 순간 진우는 함성을 질렀다.

"와, 눈이다!"

깜짝 놀란 진우는 잽싸게 옷을 입고 집 밖으로 나갔다. 하지만 방 안에서 보던 풍경과 집 밖에서 보는 풍경은 전혀 달랐다. 문 앞에 눈이 잔뜩 쌓여서 문을 열기도 쉽지 않았다. 눈이 내린 것은 즐거운 일이지만 길을 걷기도 힘들고, 날씨는 어찌나 추운지 머리가 아플 정도였다. 하지만 진우는 눈사람 만들기를 멈추지 않았다. 눈을 뭉쳐서 굴리면 몇 바퀴 돌리지 않아도 굴리기 힘들 정도로 커졌다.

눈사람 하나를 뚝딱 만들고 집으로 뛰어 들어온 진우는 컴퓨터 앞에 앉았지만, 이상하게 컴퓨터가 작동되지 않았다.

"엄마. 컴퓨터가 왜 안 돼요?"

"응. 전기가 나갔어. 어제 눈이 너무 많이 오는 바람에 전기가 끊어졌나 봐. 물도 안 나오는 걸 보니 수도도 얼었나 보다. 가스도 겨우 나오고 있으니까 밥하는 것도 쉽지 않네. 진우야, 감기 걸리겠다. 옷 두껍게 입고 있어."

엄마의 표정을 보고 창밖을 보니 정말 도로에는 지나다니는 차가 한 대도 없었다. 어디가 차도이고 어디가 인도인지 구분조차 되지 않았다. 진우는 슬슬 걱정이 되기 시작했다. 영화에서나 보던 일이 실제로 벌어지는 건가?

'아이, 이게 뭐야! 할 수 있는 게 아무것도 없잖아!'

모든 것이 멈춰 버린 집에서 진우와 가족들이 할 수 있는 것은 아무것도 없었다.

금요일 밤늦게 도착한 설악산에는 이미 많은 눈이 쌓여 있었다. 지석이는 숙소에 짐을 풀고 창밖을 바라보니, 눈 덮인 설악산의 풍경이 마치 포근한 솜이불처럼 느껴졌다. 바람이 부는지 아직도 눈발이 조금씩 날리고 있었다.

하지만 다음 날 아침 바라본 설악산은 눈에 덮여 사라지고 없는 것 같았다. 태어나서 그렇게 많은 눈을 본 것은 처음이었다. 눈은 지석이의 키만큼 쌓여 있었고, 심지어 자동차가 어디 있는지 찾을 수도 없었다. 숙소 밖에 쌓인 눈 때문에 문을 열기도 힘들었다.

숙소 주인은 제설차가 길을 만들어 줄 때까지 집 밖으로 나갈 수 없다며, 이런 일이 종종 벌어진다고 말했다. 그나마 다행인 것은 숙소에 난로와 장작, 먹을 것이 준비되어 있고, 지석이 가족 말고도 산행을 온 다른 일가족들이 있어서 덜 심심하다는 점이었다.

눈이다~~

　숙소에 있던 사람들이 모두 난로 곁으로 모였다. 지석이도 아빠와 아저씨들을 도와 열심히 장작을 날랐다. 숙소에 있는 다른 아이들도 모두 지석이 또래였기에, 지석이는 이 친구들과 노는 것으로 이번 여행의 아쉬움을 달래기로 했다.

　부모님도 다른 아저씨, 아주머니들과 난로 옆에 둘러앉아 이런저런 이야기 꽃을 피웠다. 어디 사는지, 무슨 일을 하는지, 설악산에는 어떻게 오게 됐는지 이야기를 나누다 보니 금방 웃음꽃이 피었다. 지석이도 낯선 곳에서 만난 새로운 친구들과 금방 친해져서 재미있는 시간을 보냈다. 아빠와 아저씨들이 구워 주시는 감자와 고구마도 평소보다 더욱 맛있게 느껴졌다.

　정훈이 가족은 밤 열 시가 넘어서야 목적지에 도착했다. 자동차 전조등이 비추는 곳을 보니 다 무너진 초가집이 보였다. 정훈이는 초가집을 보는 순간 경악했다. '설마 우리가 앞으로 이 집에서 산다는 건 아니겠지?'

　차에서 내려 주위를 둘러보니 사람이 사는 동네가 아니라 귀신 영화를 찍기 위해 만들어 놓은 세트장 같았다. 오들오들 떨리는 팔을 감싸고 집 안으로 들어가니 내부는 더욱 무서웠다. 이불 한 채만 놓여 있는 방 안에는 서늘한 냉기가 감돌고 있었다. 아버지 말씀대로 전깃불도 전화도 없고, 휴대전화도 연결되지 않았다. 텔레비전, 냉장고, 가스레인지 같은 가전도 하나도 없었다. 부엌에는 무쇠로 만든 커다란 솥과 장작더미만 있을 뿐이었다.

어머니가 촛불을 켜서 방을 밝히고 짐을 정리하는 동안, 아버지는 아궁이에 장작을 때기 시작하셨다. 시간이 지나자 방이 조금씩 따뜻해졌고, 그제야 정훈이도 점퍼를 벗을 수 있었다.

다음 날 아침, 정훈이 가족이 하룻밤을 보낸 초가집 마당에는 눈이 가득 쌓여 있었다. 그런데 밝은 낮에 다시 본 마을은 어젯밤에 보았던 괴기스러운 모습이 아니었다. 마을을 덮은 눈은 도시에서 보았던 눈과는 비교가 되지 않을 정도로 깨끗하고, 솜이불처럼 따뜻하게 느껴졌다. 초가집은 무너질 정도로 낡았지만, 따뜻하게 데워진 온돌바닥은 더없이 포근했다.

평소에는 요리를 거의 안 하시던 아버지가 이날은 웬일인지 부뚜막에 걸린 무쇠 솥에 직접 밥을 하셨고, 솥뚜껑에 부침개도 부쳐 주셨다. 가족들은 집 앞에 쌓인 눈으로 눈사람도 만들고 따뜻한 방 안에 누워 대화도 많이 하면서 오랜만에 여유 있는 주말을 보냈다.

아버지는 이번 여행의 콘셉트가 '아무것도 하지 않는 것'이라고 했다. 이곳에 머무는 동안은 밥을 하고 장작을 지피는 정도의 일만 하고, 남는 시간은 편안하게 쉬자는 것이었다. 그러니 눈이 아무리 많이 내려도 문제가 되지 않았다.

이렇게 느긋한 시간을 보내면서, 정훈이는 문득 지금까지 한 번도 느껴 보지 못한 기분을 맛보게 되었다. 평소에는 학교, 학원, 숙제에 치여 하루가 어떻게 지나가는지 모를 정도로 정신이 없었는데, 이곳에서는 부모님과 많은 이야기를 나누고 산책도 하면서 숨통이 트이는 기분이었다. 시계를 볼 필요도 없고 급하게 뭔가를 끝내야 할 필요도 없는 이 시간이 계속되었으면 좋겠다는 생각이 들었다.

과학과 기술은 우리에게 꼭 필요할까?

오늘날을 과학 기술의 시대라고 하지요. 과학 기술은 이제 우리의 삶에서 빼놓을 수 없는 중요한 부분이 되었습니다. 그런데 과학 기술이 발전하고 우리의 생활에 많은 영향을 주게 되면서, 과학 기술이 주는 편리함만큼이나 여러 가지 문제들을 발생시키기도 합니다. 수백 년 전까지만 해도 인류에게 없었던 문제들이 자꾸만 생겨나고 있는 것이지요. 그래서 인류는 끊임없이 새로운 문제를 해결하기 위해 노력하고 있습니다.

과학과 기술, 뭐가 다르지?

그런데 이러한 논의를 하기에 앞서서, 우선 과학 기술의 뿌리를 제대로 살펴볼 필요가 있습니다. 우리가 흔히 쓰는 '과학 기술'이라는 말은 최근에 생긴 것일 뿐, 원래 '과학'과 '기술'은 다른 말이기 때문이지요. 예를 들어 봅시다. 축구를 할 때 특별한 기술이 있어서 공을 많이 넣으면 '실력이 뛰어나다', '축구 기술이 좋다'라고 말할 수는 있지만 '과학이 좋다'라거나 '축구의 과학자'라고 말하지는 않습니다. 축구 기술을 익히기 위해 과학이 필요한 것은 아니니까요. 그저 연습을 충분히 하면서 다양한 기술을 익힐 뿐이지요. 하지만 축구를 아무리 잘하더라도 과학의 원리에 어긋나는 방식으로 축구를 할 수는 없습니다. 예를 들어 박지성처럼 뛰어난 축구선수도 빛보다 빠른 속도로 공을 차는 것은 불가능하지요. 과학의 법칙에 어긋나기 때문입니다.

그런데 요즘은 '과학'과 '기술'을 한데 묶어서 '과학 기술'이라고 부르는 경우가 많습니다. 현대 문명의 다양한 기술들이 과학의 도움으로 나타났기 때문이지요. 이런 변화는 모두 최근에 생긴 것이랍니다. 시대적으로는 과학보다 기술이 먼저 발달했으니까요. 기술이 생김으로써 인간은 비로소 다른 동물과 구분되는 진정한 '인간'이 되었으니, 기술로 인해 인류가 탄생했다고 말할 수도 있겠네요. 돌을 사용해 짐승을 잡는 기술을 익히고, 불로 음식을 조리하는 기술을 발견하고, 집을 지어 추위와 맹수로부터 가족을 안전하게 보호하는 등 인류는 시간이 지날수록 탁월한 '기술자'로 발전했지요.

하지만 아무리 기술이 발달했어도 당시 사람들의 과학적 지식은 지금 여러분이 알고 있는 수준에도 미치지 못할 거예요. 그들은 지구가 둥글다는 것도, 물이 100도에서 끓는다는 것도, 사계절이 어떻게 해마다 반복되는지도 모르고 있었으니까요.

바로 이런 것들을 탐구하는 것이 과학의 일입니다. 세상이 어떻게 생겼고, 무엇으로 이루어져 있으며, 어떤 원리로 작동하는지, 이런 것들에 관심을 가지는 사람들이 바로 과학자입니다. 그런데 과학자뿐 아니라 철학자들도 이런 주제에 관심을 많이 가졌지요. 우리가 이 책에서 살펴보는 다양한 주제와 문제들이 바로 세상의 이치와 원리에 관한 것들이니까요.

그럼 과학자는 철학자일까요? 사실 과학자는 철학자였답니다. 적어도 갈릴레오 갈릴레이가 살았던 시대 이전까지는 철학과 과학은 하나의 학문이었지요. 그런데 갈릴레이는 과학에 이전의 철학과는 다른 방법, 즉 경험을 도입함으로써 철학과의 결별을 선언하게 되었습니다. 그저 생각이나 토론만을 통해 세상의 원리와 이치를 깨닫는 것이 아니라, 직접 찾고 경험한 것들을 생각함으로써 세상의 원리와 이치를 밝히고자 했지요. 이런 작업이 갈릴레이 이후 과학자들의 전통이 되었고, 결국에는 과학과 철학이 구분되는 계기가 된 것입니다.

이러한 새로운 전통은 과학의 급격한 발전을 가져왔습니다. 물론 이전에도 여러 과학자들이 경험의 중요성을 깨닫고 있었지만, 경험을 바탕으로 과학을 연구하는 방식이 발전하게 된 것은 갈릴레이의 공으로 돌려야 할 것입니다.

과학과 기술의 위험한 결합

과학에 경험이 도입되면서 과학은 더욱 빠른 속도로 발전하기 시작했습니다. 이전의 과학이 주로 깊은 생각을 통해서만 세상의 원리를 파헤치려 했을 때와 비교가 되지 않을 정도로 발전하기 시작했지요. '경험'이 지닌 특징은 이러한 발전에 더욱 박차를 가했답니다. 예를 들어, 과거의 과학자들은 모든 것을 합리적인 사고로 설명하려 했습니다. 그래서 무거운 쇠구슬과 가벼운 쇠구슬이 같은 속도로 떨어지는 것이 '합리적'인 것이라면 더 이상의 설명이 필요 없었지요. 굳이 이것을 실험으로 증명할 이유는 없었습니다. 하지만 경험을 중시하게 된 과학자들은 이것을 경험을 통해 확인하고 싶었습니다.

이처럼 경험을 바탕으로 하는 과학의 발전은 관찰과 실험을 중요시하게 되었으며, 이런 흐름에 따라 우리가 사는 세계는 이전의 과학자들처럼 그저 바라보고 생각하면 그만인 대상이 아니라, 관찰과 실험을 통해 직접 적용하고 변화시키는 대상으로 변화되기 시작했습니다. 과학이 세계를 대하는 태도의 변화는 기술이 발전하는 직접적인 계기를 마련했지요. 기술이야말로 인간의 필요에 따라 세계를 조작하고 변화시키는 요소이기 때문입니다. 이렇게 과학과 기술이 결합하게 되자 두 분야는 서로의 발전을 더욱 가속화시키는 결과를 가져왔습니다.

　사람들은 과학 기술의 발전 속도가 점점 더 빨라지게 된 가장 근본적인 원인을 기술에서 찾곤 합니다. 과학은 본래 철학처럼 순수한 지적 호기심에 뿌리를 둔 학문인 반면, 기술은 애초에 인간의 구체적인 필요에 의해 태어난 것이기 때문이지요. 따라서 세상에 쓸모없는 기술은 거의 없다고 말할 수 있습니다. 하지만 과학적 지식은 기술처럼 어떤 필요에 의해 탐구되지는 않지요. 제2차 세계대전 당시 미국은 원자폭탄을 만드는 기술을 개발하기 위해 아인슈타인의 과학 이론을 활용했지만, 아인슈타인이 원자폭탄을 만들기 위해 과학 이론을 탐구하지는 않았듯이 말이에요.

　그런데 언제부터인가 과학적 탐구가 순수하다는 주장이 흔들리기 시작했습니다. 예를 들어 유전공학의 인기는 순수한 호기심에서 비롯되었다고 설명하기에는 부족함이 많습니다. 사람들은 유전공학을 발전시키는 초기 단계부터 유전공학 이론을 이용하여 어떤 기술들을 개발하고, 어떤 병을 고치고, 어떤 결과들을 얻어 얼마나 많은 돈을 벌 수 있을지를 계산하곤 했습니다. 이런 상황에서 과학자들은 정말 순수한 마음으로 자신들의 연구를 진행할 수 있을까요? 그들이 끝까지 도덕성을 잃지 않고 연구에 매진할 수 있을까요?

　사람들은 노벨이 전쟁에 사용하기 위해 다이너마이트를 개발한 것이 아니라는 사실을 압니다. 그래서 그에게 전쟁에 대한 책임을 묻지 않았지요. 아인슈타인도 핵폭탄을 만들기 위해 과학 이론을 탐구한 것이 아니므로, 그에게 핵폭탄의 책임을 묻지 않습니다. 하지만 지금도 모든 과학자들이 자신의 연구 결과가 초래한 끔찍한 일에 아무런 책임이 없다고 말할 수 있을지는 의문입니다.

과학 기술에 중독되다

과학 기술이 가진 더 큰 문제는 우리가 과학 기술에 중독되어 버린다는 것입니다. 과학 기술의 발전은 우리에게 좋은 점도 많이 안겨 주었지만, 그에 못지않게 많은 문제점을 낳고 있습니다. 환경 문제, 핵 문제, 유전공학의 문제처럼 크고 무서운 문제들이 아니어도 우리는 도처에서 과학 기술이 발생시키는 다양한 문제들을 접하게 됩니다. 이런 문제를 해결하는 가장 간단한 방법은 무엇일까요? 당연히 원인을 제공하는 과학 기술을 사용하지도, 개발하지도 않는 것입니다. 자동차의 매연이 문제라면 자동차를 타지 않으면 되고, 핵발전소가 문제라면 에너지를 사용하지 않으면 됩니다. 유전자 조작 식품이 문제라면 그런 음식을 먹지 않으면 되지요.

하지만 이것이 말처럼 쉬울까요? 이 세상의 모든 자동차가 사라진다면, 우리는 명절에 시골에 계신 할머니 할아버지를 찾아뵐 수 없지요. 이사도 다닐 수 없고 가족들과 여행을 갈 수도 없습니다. 핵발전소가 사라지면 우리가 쓸 수 있는 전기의 양은 엄청나게 줄어들 것이고 유전자 조작 식품이 사라지면 전 세계는 식량 부족 문제를 겪게 될 것입니다.

이런 문제가 우리를 혼란스럽게 하는 이유는, 이것들이 모두 최근에 새롭게 등장한 문제들이기 때문입니다. 우리가 우리에게 주어진 과학 기술의 모든 산물을 버릴 수 있다면, 이런 새로운 문제는 처음부터 생겨나지도 않았을 것입니다. 자동차를 버리고, 전기를 버리고, 유전자 조작 기술을 버리고 우리 조상들이 수백 년, 수천 년 전에 살았던 모습대로 돌아간다면, 현대 과학 기술이 만들어 낸 문제들은 사라질 것입니다. 하지만 대부분 사람들은 기꺼이 그렇게 살 각오가 되어 있지 않고, 그렇게 살 수도 없답니다. 그렇다면 다른 해결책을 찾아야겠지요.

과학 기술이 초래하는 문제들을 자세히 살펴보면 우리가 자연에서 너무 많은 것들을 가져온다는 사실을 알 수 있답니다. 환경 문제, 핵 문제, 유전공학 문제들의 핵심에는 우리가 옛날보다 훨씬 많은 것을 얻고자 하는 욕심이 자리 잡고 있지요. 또한 가장 이상적인 삶은 남들보다 더 많은 물질을 가지고 풍족하게 사는 것이라고 생각하는 우리 마음에도 문제의 원인이 있습니다. 전 세계 모든 사람들이 이런 생각을 가지고 풍족하게 사는 삶을 추구한다면 어떻게 될까요? 집집마다 자동차를 한 대 이상 가지고, 에어컨을 켜고, 넓은 거실과 침실, 뜨거운 물이 넘치는 욕실을 사용한다면 어떻게 될까요? 누구나 아침저녁으로 많은 음식을 먹고, 남기고, 고기를 먹는다면 어떻게 될까요? 아마 지금보다 수십, 수백 배가 넘는 자원을 자연에서 가져와야 할 것입니다. 그러면 또 그만큼 많은 오염 물질이 배출되겠지요.

　정훈이는 폭설로 숙소 안에 갇힌 상태에서도 고구마를 먹으며 처음 만난 친구들과 즐거운 시간을 보냅니다. 하지만 며칠 지나지 않아 다시 학교에 갈 생각, 공부할 생각, 시험을 앞두고 스트레스를 받을 생각을 하게 되겠지요.

　우리가 지금은 철학책을 읽으며 다양한 생각을 하는 훈련을 하고 있지만, 내일이면 정훈이처럼 다시 일상으로 돌아와야 합니다. 하지만 그렇다고 해서 지금의 방식만을 유지한다면, 우리의 미래는 그리 밝지만은 않을 것입니다.

1 다음 보기는 현대 과학 기술이 개발한 물건들을 나열한 것입니다. 잘 살펴보고 아래 질문에 답해 봅시다.

> ① 플라스틱 밀폐용기 ② 비닐봉지 ③ 휴대전화 ④ 자동차
> ⑤ 엘리베이터 ⑥ 카메라 ⑦ 텔레비전 ⑧ 냉장고
> ⑨ 세탁기 ⑩ 녹음기 ⑪ 비행기

- 이 물건들 없이 살아간다면 우리의 일상이 어떻게 달라질지 이야기해 봅시다.
- 이 물건들을 사용할 때 좋은 점과 나쁜 점, 이 물건들을 사용하지 못할 때의 좋은 점과 나쁜 점을 이야기해 봅시다.
- 이 물건들을 사용할 때의 장점보다 사용하지 않을 때 얻을 수 있는 장점이 더 큰 경우를 이야기해 봅시다.
- 이 물건들을 사용할 때의 단점보다 사용하지 않을 때 얻을 수 있는 단점이 더 큰 경우를 이야기해 봅시다.

2 어떤 제품을 사용해서 심각한 문제가 발생한다면 그 잘못은 제품 때문일까요, 그 제품을 탄생시킨 기술 때문일까요, 그 제품을 사용하는 사람 때문일까요? 여러분의 생각과 그렇게 생각한 이유를 이야기해 봅시다.

3 과학 기술의 발달과 환경보호는 서로 대립할 수밖에 없을까요? 과학 기술을 발전시키면서 환경도 보호할 수 있는 방법에 대해 이야기해 봅시다.

12. 자연을 어떻게 바라보아야 할까?

우리를 위해 자연을 보호해야 한다면 그 범위는 어디까지일까?
자연보호와 자연 개발이 서로 충돌할 때, 더 중요하게 고려해야 할 점은 무엇일까?

도로도 넓히고 습지도 보호할 수는 없을까?

화창한 토요일 오후. 혜지네 가족은 오랜만에 외갓집을 방문하기로 하고 길을 나섰다. 그런데 도로로 나오자마자 한꺼번에 몰려든 차들로 길이 꽉 막혔다. 토요일 이맘때면 종종 겪는 일이지만, 아빠는 스트레스를 잔뜩 받으셨는지 연신 투덜거리셨다.

"아이고, 이놈의 길! 언제나 뚫리려나? 도로 확장한다고 한 지가 언제인데, 아직도 이 모양이니……. 이게 다 습지를 보호하자고 떠드는 주민들 때문이잖아. 아니, 습지 보호도 좋지만 교통 체증으로 고생하는 사람들 생각도 좀 해야지! 자기들이 운전을 안 하니까 얼마나 불편한지 몰라서 그러는 거라고. 안 그래, 여보?"

아빠는 불만을 쏟아 놓으며 슬쩍 엄마에게 동의를 구했다. 하지만 엄마는 아빠에게 눈길조차 주지 않고 딱 잘라 말씀하셨다.

"그래도 습지는 보호해야죠. 운전하기가 불편하다고 습지를 훼손할 수는 없잖아요. 차가 여기만 막히는 것도 아니고, 도로의 가치가 10이라면 습지의 가치는 그보다 천 배, 만 배는 돼요. 도로를 넓히자고 습지를 훼손하는 것은 다이아몬드를 돌멩이랑 맞바꾸는 것이나 다름없어요. 한마디로 바보

짓이라는 거죠."

"당신이 계산해 봤어? 어떻게 그렇게 잘 알아!"

혜지네 아파트 뒤에는 작은 습지가 있다. 학교 운동장 넓이만큼 되는데, 처음에 혜지는 습지가 무엇인지도 몰랐다. 그런 혜지가 습지가 무엇인지 이해하게 된 것은 구청에서 아파트 주변의 교통 혼잡을 줄이기 위해 도로 확장 공사를 한다고 발표했기 때문이다. 발표가 나자 혜지 아빠를 비롯해 오래전부터 도로 확장을 주장해 온 아파트 주민들은 크게 반겼다. 그런데 어느 날부터인가 아파트 입구에 현수막이 하나둘 걸리기 시작했다.

습지 훼손하는 도로 확장, 즉각 중단하라!

곧 '습지 훼손 결사 반대'라고 쓴 어깨띠를 두른 주민들이 지나가는 사람들에게 전단지를 나누어 주기 시작했다. 혜지도 한 장 받았는데, 거기에는 이런 내용이 적혀 있었다.

습지는 보존되어야 합니다. 습지는 살아 있는 생명체입니다. 여러분! 우리가 조금 더 편하게 살겠다고, 소중한 생명체를 파괴할 수는 없습니다.

도로를 넓히려면 현재 도로와 맞닿아 있는 습지를 절반으로 줄일 수밖에 없는데, 일부 주민들은 이것을 반대한다는 것이었다. 곧 주민들 사이에서 갈등이 빚어졌고, 혜지네 집도 마찬가지였다. 아빠는 도로 확장을 찬성하시고 엄마는 반대하시는 것이었다. 한동안 팽팽하게 맞서던 주민들 사이의 논쟁은 구청에서 도로 확장 공사를 보류하겠다고 발표하면서 잠잠해졌다. 그런데 그 논쟁이 차 안에서 다시 시작된 것이다.

"엄마, 습지가 중요하다는 것은 다른 사람들도 알아요. 그런데 습지보다는 사람이 먼저잖아요. 사람들이 불편하지 않다면 보존하는 게 맞지만, 지금처럼 많은 사람들이 불편을 겪고 있는데도 무조건 습지를 보존해야 하나요? 습지를 다 없애는 것도 아니고, 길을 넓힐 만큼만 없애면 되잖아요."

"습지는 우리 것이 아니잖니? 우리가 습지의 주인이 아니니까 우리 마음대로 훼손하면 안 된다고 생각해."

"그럼 누구 거예요?"

"백 년 뒤에 살 후손들도 습지에서 자연을 배울 수 있어야 하지 않겠니? 지금은 우리 것이지만 혜지의 아들딸, 그리고 손자 손녀의 것이기도 하다는 거야."

"엄마, 만약 저의 손자의 손자의 손자가 지금 이 차 안에 있다고 해 봐요. 그럼 그 아이가 습지를 줄이고 길을 넓히는 것에 찬성할까요, 반대할까요? 엄마는 무조건 반대할 거라고 믿으시는 거죠? 그렇지만 제가

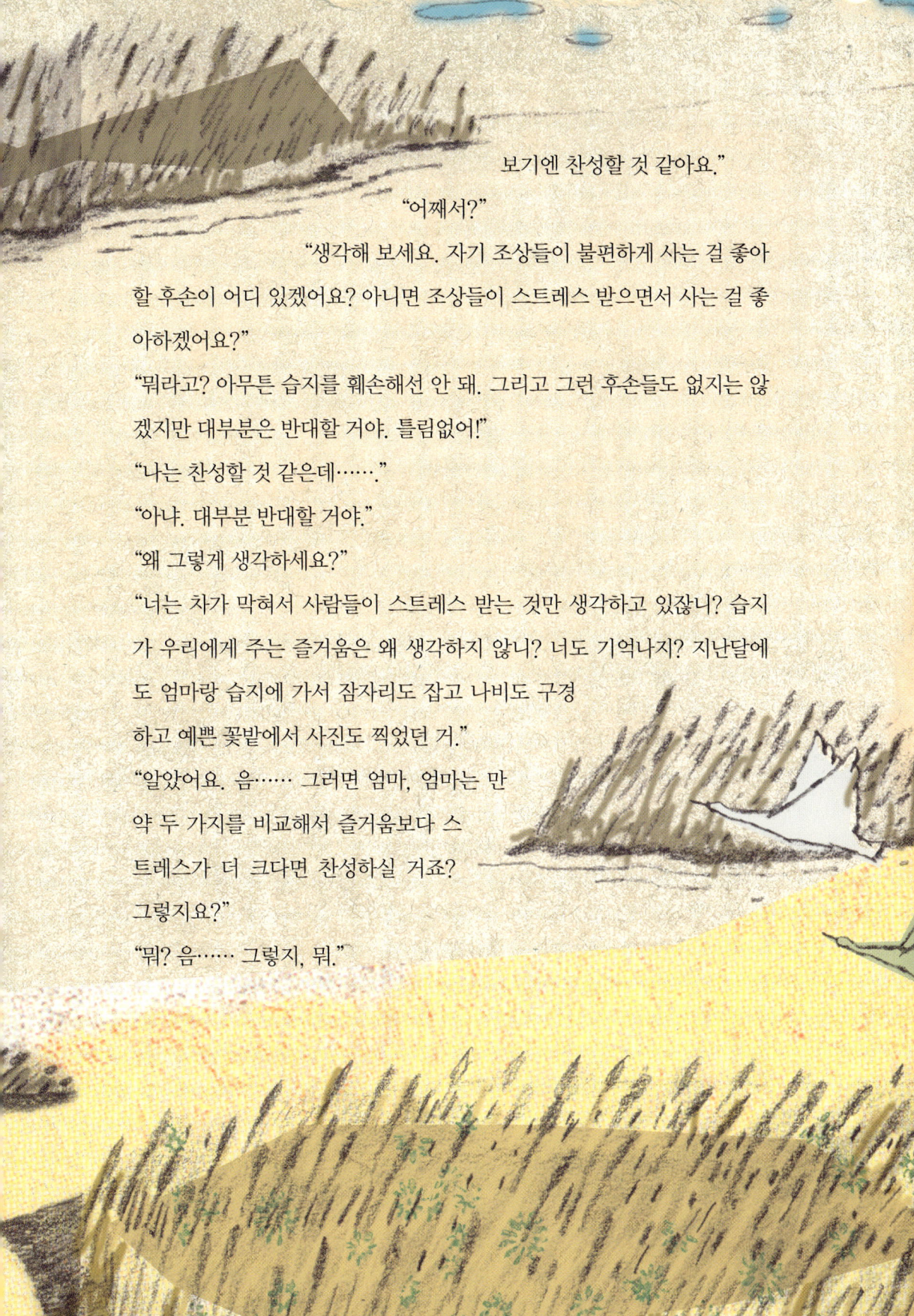

보기엔 찬성할 것 같아요."
"어째서?"
"생각해 보세요. 자기 조상들이 불편하게 사는 걸 좋아할 후손이 어디 있겠어요? 아니면 조상들이 스트레스 받으면서 사는 걸 좋아하겠어요?"
"뭐라고? 아무튼 습지를 훼손해선 안 돼. 그리고 그런 후손들도 없지는 않겠지만 대부분은 반대할 거야. 틀림없어!"
"나는 찬성할 것 같은데……."
"아냐. 대부분 반대할 거야."
"왜 그렇게 생각하세요?"
"너는 차가 막혀서 사람들이 스트레스 받는 것만 생각하고 있잖니? 습지가 우리에게 주는 즐거움은 왜 생각하지 않니? 너도 기억나지? 지난달에도 엄마랑 습지에 가서 잠자리도 잡고 나비도 구경하고 예쁜 꽃밭에서 사진도 찍었던 거."
"알았어요. 음…… 그러면 엄마, 엄마는 만약 두 가지를 비교해서 즐거움보다 스트레스가 더 크다면 찬성하실 거죠? 그렇지요?"
"뭐? 음…… 그렇지, 뭐."

"엄마. 습지를 방문하는 사람이 하루에 몇 명이나 될까요? 500명? 900명? 제 생각에는 아무리 많아도 1,000명이 넘지는 않을 것 같은데, 생각해 보세요. 길이 막혀서 스트레스 받는 사람들은 하루에 몇 만 명은 될 걸요. 그러니까 보나 마나 스트레스의 양이 훨씬 더 크다고요. 습지 때문에 얻는 즐거움을 다 합해도 스트레스를 다 합친 것과는 비교도 안 된다고요."

"그래도 안 돼! 엄마가 깜빡했는데, 습지가 생명이라는 것도 생각해야지. 생명은 세상 그 어떤 것들보다 소중하니까. 단지 이익이 된다는 이유로 생명을 함부로 죽일 수는 없어. 맞지?"

"엄마, 습지가 왜 생명이에요? 습지는 그냥 땅이잖아요?"

"천만에! 습지에 얼마나 많은 생명체들이 살고 있는데. 너도 가서 직접 보지 않았니? 습지가 사라지거나 지금보다 줄어들면, 습지에서 사는 생명체들도 덩달아 죽을 수밖에 없단다."

"엄마! 그렇지만 어차피 생명체들은 언젠가는 죽잖아요. 이래서 죽고, 저래서 죽고."

"저절로 죽는 것과 누가 죽여서 죽는 것이 어떻게 똑같니? 습지를 빼앗는 것은 습지에서 사는 생명들을 죽이는 거야. 게다가 습지에는 우리가 반드시 보호할 의무가 있는 희귀한 식물들도 아주 많아. 사람들이 그런 사실을 모르니까 함부로 습지를 훼손할 생각을 하는 거야. 너, 이런 말 아니? 무식하면 용감하다! 우리 혜지는 그런 사람이 아니야. 그렇지?"

"그럼, 도로 확장에 찬성하면 다 무식한 사람이라는 거예요? 그럼 아빠도 무식한 사람이네요. 안 그래요?"

"뭐? 미안, 미안! 그건 아니고. 엄마가 좀 흥분했나 봐. 여보, 미안해요."

엄마와 티격태격 의견을 주고받는 사이 드디어 길이 뚫렸다. 자동차가 시내

를 벗어나 고속도로로 들어서자, 엄마가 음악을 들으면서 가자며 라디오를 트
셨다. 마침 라디오에서 흘러 나오는 노래 가사에 혜지는 웬지 마음이 끌렸다.

꽃잎 끝에 맺혀 있는
작은 이슬방울들
빗줄기 이들을 찾아와서
으~음 어디로 데려가나
바람아, 너는 알고 있나
비야, 네가 알고 있나
무엇이 이 숲속에서
으~음 저들을 데려갈까

개발이 먼저일까? 보호가 먼저일까?

여러분은 습지에 대해서 얼마나 알고 있나요? 어른들도 습지의 중요성을 잘 모르는 경우가 많답니다. 그런데 어쩌지요? 학자들이 연구한 결과, 습지는 우리에게 아주 중요하다고 하네요. 지금도 계속 연구 중이지만, 분명한 것은 습지가 다른 어떤 곳보다도 다양한 동물과 식물들이 서식하기에 좋은 환경이라는 점이에요.

우리 동네 근처에 있는 작은 습지만 해도 그렇지요. 도시 한복판에 있는데도 어느 정글 못지않게 다양한 곤충과 새, 그리고 식물들이 살고 있답니다. 그런데 이런 습지가 전 세계적으로 벌써 절반이나 사라져 버렸대요. 습지의 중요성을 모르고 사람들이 함부로 개발을 하면서 없애 버린 것이지요. 하지만 이제 와서 땅을 치고 후회한들 어떡하나요? 한 번 사라진 습지는 되돌릴 수 없다고 하니, 남아 있는 습지만이라도 잘 보존해야겠지요?

개발이 주는 이익과 피해

그런데 여기서 한 가지 생각해 볼 것이 있습니다. 습지가 과연 중요한가요? 습지가 중요한 만큼 우리에게는 '편안한 삶'도 중요하지요. 그래서 우리는 환경을 '있는 그대로' 보존하면서 살기가 너무 불편하다면, 어쩔 수 없이 좀 더 살기 좋은 방향으로 환경을 변화시킵니다. 그래서 산을 깎아 길을 만들고 터널을 뚫기도 하지요. 식량이 부족하면 숲 속 나무를 잘라내어 숲을 논이나 밭으로 개간하기도 하고요.

이처럼 '있는 그대로의 자연환경'을 '살기 편한 환경'으로 변화시키려는 인간의 노력이나 시도를 '개발'이라고 부릅니다. 과거에는 우리에게 필요하다고 생각하면 신중하게 고민하지 않고 닥치는 대로 개발을 했지요. 그렇게 수십 년이 지난 지금, 우리의 환경은 어떻게 되었나요? 마구 개발을 해서 살기 좋아지기는커녕, 환경이 오염되어 건강도 나빠지고 살기도 나빠진다는 것을 깨닫게 되었지요.

이익과 손해를 계산하는 법

그래서 사람들은 개발을 하기 전에 반드시 장점과 단점을 신중하게 따져 볼 수 있도록 제도를 만들었습니다. 이제는 정부에서도 개발을 해서 얻을 수 있는 이익이 훨씬 많을 경우에만 개발을 할 수 있도록 허락하고 있지요.

그런데 이익과 손해를 따지는 것이 쉬울까요? 유감스럽게도 그렇지 않답니다. 그래서 혜지의 부모님처럼 똑같은 개발 계획을 놓고도 어떤 사람은 이익이 더 크다고 주장하고, 어떤 사람은 손해가 더 크다고 주장하지요.

왜 그럴까요? 여러 가지 이유가 있지만 가장 대표적인 것은 이것이 아닐까 싶어요. '무엇이 더 가치 있는가?'라는 질문에 사람들이 모두 다른 답을 제시한다는 거죠. 똑같은 것을 보아도 사람들마다 그 가치를 다르게 평가하기 때문에 의견을 하나로 모으기란 참 어렵습니다. 갯벌을 보존할 것인가, 개발할 것인가를 두고 토론을 할 때 가장 힘든 주제가 바로 '갯벌의 가치를 어떻게 평가하는가'라고 해요. 어떤 사람은 갯벌에 사는 생물들의 가치를 갯벌의 가치로 계산하고, 어떤 사람은 갯벌에서 '휴식'을 할 수 있다는 것을 중요한 가치로 생각하지요. 어떤 사람은 갯벌의 '아름다움'을 중요한 가치라고 생각합니다. 그런데 갯벌이 주는 '휴식'의 가치와 '아름다움'의 가치의 크기를 돈으로 계산할 수가 있나요? 없지요. 그래서 매번 토론회를 열고, 논쟁을 하는 것인지도 모르겠어요.

자연의 주인은 누구일까

가치를 계산하기 어렵다는 것만 문제가 되는 것이 아닙니다. 또 다른 문제가 있어요. 그 문제가 무엇인지 한번 들어 볼까요?

"내가 사는 집, 내가 입는 옷은 나의 소유물이다. 그러나 지금 우리가 살고 있는 자연환경은 우리의 소유물이 아니다. 왜냐하면 자연환경은 우리가 노력해서 만들어 낸 것이 아니기 때문이다. 따라서 지금 우리에게 필요하다고 해서 우리 마음대로 자연환경을 조작하거나 변형시킬 권리는 없다. 지금 우리가 쓰고 있는 자연환경은 우리 후손들이 살아갈 삶의 터전이기도 하니, 후손들에게 미칠 영향도 따져 보아야 한다. 그러므로 지금 우리가 얻을 수 있는 이익과 손해만 따져서 자연환경을 개발할지 말지를 결정해서는 안 된다."

여러분은 이 주장에 동의하나요? 동의한다면 앞으로 어떡해야 할까요? 네? 지금 자연을 개발하면 그 결과가 우리 후손들이 살게 될 100년, 200년 뒤에도 장점을 가져다 줄지를 따져 보면 된다고요?

그것도 물론 좋은 생각이에요. 그런데 여기에도 문제가 있어요. 왜 굳이 200년 뒤까지만 생각하나요? 500년, 1,000년 뒤는 왜 생각하지 않을까요? 그때는 지구가 없을 수도 있다고요? 그래요. 그렇다면 200년 뒤에 미칠 장점은 도대체 어떻게 계산할 건가요? 어떤 일이 수백 년 뒤에 후손에게 미칠 영향을 계산할 수 있을 만큼 우리 인간이 똑똑할까요? 우리는 당장 내일 우리에게 무슨 일이 생길지도 모르는데 말이지요.

정말 자연환경은 우리의 소유물이 아닐까요? 예전에 이와 비슷한 문제가 발생한 적이 있어요. 아마존의 열대우림. 다들 알고 있지요? 그런데 이 아마존 지역의 상당 부분이 브라질의 국토 안에 포함되어 있답니다. 그래서 브라질은 아마존 열대우림을 개발해서 경제를 발전시키려고 했어요. 아마존에 있는 나무들을 잘라서 팔거나, 숲을 개발해서 농경지로 이용하려고 했지요. 그러자 주변에 있는 다른 나라에서 일제히 반대하며 이렇게 말했답니다.

"아마존의 열대우림은 지구에 살고 있는 모든 사람들이 살아가는 데 꼭 필요한 자연환경이자 지구의 허파와 다름없는 존재다. 그러니 아마존이 단지 브라질 영토라는 이유만으로 브라질 마음대로 개발해서는 안 된다. 브라질에게 이익이 된다고 해서 함부로 개발하면, 그 피해는 전 세계에 미칠 것이다. 아마존은 인류 모두의 것이다."

여러분은 어떻게 생각하나요? 아마존 열대우림이 파괴되면 우리도 살기가 어려워진다니, 가만히 있을 수 없잖아요. 물론 브라질 입장에서는 다른 나라에서 자꾸 간섭하는 것이 싫겠지만, 입장을 바꿔 생각하면 브라질 사람들도 어느 정도 이해할 수 있을 거예요.

이런 문제는 아마존 열대우림처럼 거대한 자연환경을 개발할 때만 생기는 문제가 아니랍니다. 여러분이 사는 동네에 있는 작은 습지, 마을 뒷산에도 얼마든지 해당되는 이야기이지요.

아마존의 열대우림과 우리 동네에 있는 작은 습지. 이것은 누구의 것일까요? 이곳들을 개발할 필요가 생겼을 때, 개발할지 말지를 결정할 권리는 누구에게 있을까요? '아, 골치 아파. 난 몰라. 아무렇게나 해!' 이렇게 말할 수는 없지요. 그랬다가는 우리가 어른이 되었을 때 정말 큰일이 생길 수도 있으니까요. 자, 우리 함께 지혜를 모아 볼까요?

 생각해 보기

1 어느 마을 주민들이 정성껏 경작한 땅에, 코끼리 떼가 자꾸 들어와서 농작물들을 먹었습니다. 이런 피해가 계속 발생하자 주민들은 자신들의 재산을 지키기 위해 경작지로 오는 코끼리들에게 총을 쏘았습니다. 그런데 코끼리가 멸종될 것을 우려하는 환경보호 단체에서 주민들의 행동에 이의를 제기합니다.

- 여러분이 마을 주민이라면 이 문제를 어떻게 해결할 것인지 이야기해 봅시다.
- 여러분이 환경보호 단체 회원이라면 이 문제를 어떻게 해결할 것인지 이야기해 봅시다.
- 여러분이 이 나라의 공무원이라면 이 문제를 어떻게 해결할 것인지 이야기해 봅시다.

2 우리나라 서해안의 갯벌은 세계에서도 보기 드문 갯벌입니다. 이 갯벌을 개발해 이곳에 농사를 짓고 건물도 세우면 경제적으로 훨씬 이익이 된다고 합니다. 그런데 '갯벌을 개발해서 생기는 이익보다 손해가 훨씬 더 크다'고 주장하는 사람들이 있습니다. 이 사람들은 왜, 무슨 근거로 갯벌을 개발하는 것이 손해라고 주장하는 것일까요?

3 남극이나 북극의 땅을 개발할지 말지를 결정할 권리는 누구에게 있을까요?

부모와 교사를 위한 꼭지별 내용 설명

1. 다른 사람을 도와주는 일은 누구에게 이득이 될까?

테마	착함의 의미와 기준
주제 질문	착하다의 기준은 어떻게 정해야 할까?
내용	착하다는 것의 의미. 남을 돕는 일은 과연 손해인가. 물질적 이익만이 아닌 정서적 풍요의 직접적 체험을 유도하고 그 경험을 서로 나누는 활동

2. 여자는 남자보다 힘이 세면 안 돼?

테마	공정한 대우란 무엇일까?
주제 질문	차이와 차별은 어떻게 구별할까? 사회적 편견에 의한 차별과 이를 해소하는 방법은 무엇일까?
내용	선천적 차이와 사회적 편견이나 풍습에 의한 차별 사례 찾아보기. 남녀차별뿐 아니라 다문화 집단간의 차이와 차별의 근원 모색. 사회적 집단의 이익이나 견해가 충돌할 때 서로 조정하고 배려하며 조화의 타협점을 찾는 연습

3. 의리 있는 우정인가 정의로운 배신인가?

테마	정의와 의리의 충돌
주제 질문	규칙 지키기에 예외가 있을까? 예외를 인정할 수 있다면 그 이유는 무엇일까?
내용	친분 관계로 사회규범을 어기는 경우의 사례 찾기. 규칙 지키기와 친분관계의 배려 각각에 대한 중요성 탐색. 두 가치가 충돌하는 상황에서 더 중요한 가치 탐색

4. 따돌림을 당하는 건 네 탓이지

테마	교우 관계와 따돌림
주제 질문	따돌림을 하는 이유, 따돌림의 문제점, 따돌리는 사람과 당하는 사람의 문제는 무엇일까?
내용	따돌림의 심리적 원인 탐구. 교우 관계와 인간 성장과의 관련성과 그 중요성 탐색. 자신의 표현과 사회적 어울림과의 조화문제 토론

5. 폼에 살고 폼에 죽고

테마	멋의 창조적 표현과 어울림
주제 질문	멋의 기준은 무엇일까? 멋의 기준은 절대적일까, 변하는 것일까?
내용	외모 꾸미기에 대한 관심을 통해 멋에 대한 기준 탐색—멋에 대한 기준의 절대성과 변화 가능성. 멋을 추구하는 다양한 방법을 탐색함으로써 자기표현의 다양한 가치 발견

6. 나의 독립 만세!

테마	자유의 의미와 성립 요건
주제 질문	자유의 뜻, 자유와 책임과의 관계, 자유를 누리기 위해 필요한 능력은 무엇일까? 독립이 가능한지 여부를 어떤 기준으로 판단해야 할까?
내용	자유의 의미에 대해 자신의 실생활과 관련하여 탐색. 자유로운 행동과 그 결과를 예상해 봄으로써 책임진다는 의미를 탐구. 인간의 성장 과정에 자유와 독립이 가능한 시기에는 어떤 요건이 필요하고 이를 결정하는 주체는 누구인지 모색

7. 죽음을 준비하는 삶

테마	죽음이 삶에 주는 의미
주제 질문	죽음에 대해 생각해 보아야 하는 이유는 무엇일까? 죽음을 준비하는 삶이란 무엇일까?
내용	삶과 죽음은 밀접함을 깨닫기. 삶의 도피처가 아닌 삶의 의미와 가치를 높여 줄 수 있는 계기로서의 죽음. 가까운 사람의 죽음을 통해 내 삶을 성찰해 봄

8. 나는 왜 사는 거지?

테마	삶의 의미와 목적
주제 질문	다른 사람들이 말하는 삶의 가치와 내가 생각하는 삶의 가치. 삶의 가치와 목적이 내 일상 생활의 습관과 어떻게 부합할까?
내용	맹목적인 일상 생활에서 벗어나 삶의 의미와 가치 또는 목적을 성찰해 보기. 타인이 추구하는 가치와 나의 가치를 객관적으로 비교해 자신이 추구하는 삶의 가치와 의미 정립해 보기

9. 동물에게도 권리가 있을까?

테마	동물의 권리란?
주제 질문	동물 학대가 왜 문제가 될까? 동물의 권리를 생각해야 하는 근거는 무엇일까? 동물의 권리를 인정한다면 그 범위는? 동물의 권익을 보장하는 주체는 누구여야 할까?
내용	동물의 권리에 대한 근거로서 동물과 인간의 공통점과 차이점 비교. 다른 존재에 대한 배려의 확장 연습

10. 동물이 인간에게 주는 것, 인간이 동물에게 주는 것

테마	사람과 동물의 삶의 조화
주제 질문	동물 이용을 허용할 수 있는 경우와 허용할 수 없는 경우는 언제일까? 동물 보호로 사람이 피해를 입을 경우 어떤 해결책이 필요할까?
내용	동물들이 다른 생물을 이용하는 경우와 사람이 다른 동물을 이용하는 경우의 차이점 비교. 사람과 동물의 생존권이 충돌할 경우 조화로운 해결을 위해 고려할 점을 모색

11. 과학 기술의 두 얼굴

테마	과학 기술 발달로 인한 혜택과 폐해
주제 질문	과학 기술이 발달하기 전과 후, 우리의 생각과 생활 습관은 어떻게 달라졌고 각각의 장단점은 무엇일까?
내용	과학 기술의 발달로 인한 혜택의 이면에 숨겨진 사고방식과 생활 습관의 변화 조사. 변화의 장단점을 정리하고 그 근원의 주체 탐색

12. 자연을 어떻게 바라보아야 할까?

테마	인간의 자연 활용과 생태계 보존과의 조화
주제 질문	자연 활용으로 얻을 수 있는 이익은 어느 정도이며 우리가 활용할 수 있는 범위는 어디까지일까? 다른 지역의 인류와 미래 세대의 이익은 어디까지 배려해야 할까?
내용	인간이 자연 개발의 한계를 결정할 때 고려할 점과 자연을 보호해야 하는 이유를 탐색. 자연보호의 범위 고려하기, 미래 세대에 예상되는 피해, 선진국과 개발도상국의 이익 충돌 시 해결방법 모색